सोने से पहले लिखना

सोने से पहले लिखना

ना ये

GYAN

प्रकाशित

1. 睡前书 :- चाईना ट्रांसलेशन एण्ड पब्लिशिंग हाऊस (चाइना भाषा में प्रकाशित सन् 2013)
2. Writing Before Sleep :- ऑरोरा पब्लिशिंग एलएलसी, 215 यूनिवर्सिटी बूलिवर, नॉटिंघम, एनजी9 2जीजे (ब्रिटेन) (अग्रेजी भाषा में प्रकाशित सन् 2015)
3. सोने से पहले लिखना:- ज्ञान पब्लिशिंग हाऊस (हिन्दी भाषा में प्रकाशित सन् 2018)

सोने से पहले लिखना

ISBN : 978-81-212-1373-8

भारत में सन् 2018 में प्रकाशित
ज्ञान पब्लिशिंग हाऊस,
5, अंसारी रोड, दरियागंज,
नई दिल्ली–110002
Phone : 9811692060
ई–मेल: books@gyanbooks.com

मुद्रित: जी. प्रिंट प्रोसेस, दिल्ली

विषय सूची

I

II

III

IV

I

जीवन

मैं तुम्हे ऐसे सराहता हूँ, दुलारता हूँ,
जैसे कोई बच्चा किसी काली कैंडी बॉल को दुलारता है,
एक बार उसे ऐसे ही चाटता है,
और एक बारी उसे पहले लपेटता है किसी कैंडी रैपर में और फिर चाटता है,
धीरे –धीरे चाटता है और,
फिर तेजी से कैंडी को ढकता है,
अब सिर्फ मैं और मेरे साथ कैंडी रैपर ही रह गया है,
मुझे मेरे दुःख को काबू करना होगा।

आधा चंद्रमा

किसी प्राचीन प्रेम गीत से निकलता हुआ,
इसकी धुन,
इसे सुनने वाला एक कान,
आधा चंद्रमा – गेंहू के ढेर से निकलता हुआ,
उन दिनों का दुःख,
फसल काटने वालों के ऊपर से निकलकर,
भूमि के बीचों–बीच आ जाता है,
इसके दिल में धड़कती ज्वाला,
धीरे–धीरे निकलता चाँद,
बसंत के मौसम के पके हुए फल पेड़ों पर लटक रहे हैं!
शेष आधा चंद्रमा,
मेरे चेहरे के दाएँ तरफ गेंहू के बाल से खुजली हो रही है,
रुको मुझे मेरा बायाँ चेहरा,
तुम्हारी तरफ करने दो।

इस वक्त

मैं इस वक्त विलम्ब करते हुए, सोच–विचार करते हुए,
संध्या के समय में इस विशालता का आनंद ले रहा हूँ,
एक सफेद कागज का पन्ना मेरे लिखने की मेज के ऊपर रखा है,
एक कलम,
इस दृश्य की अभिव्यक्ति करते हुए,
एक विराम,
भयानक छंद
– एक अनुचित आन्तरिक दुनिया को लिख रहा हूँ,
जैसे की मैं एक जीवन के लिए चाहता हूँ।

रात्रि निमंत्रण

जैसे मैं अपने अध्ययन कक्ष में बैठा लिख रहा हूँ,
आकस्मिक हवा का झोंका मेरे कक्ष में आते हुए,
पक्षियों का चहचहाना सुनाई देते हुए,
फूलों की, फलों की भीनी–भीनी खुशबू भी आते हुए,
एक निजी जीवन बाहर कपड़े सुखाने की तांड पर भी है,
एक सुन्दर लेकिन निहित दृश्य,
और दोपहर के समय टपकती बूंदे,
कल्पना करो इन लहरों को सीढ़ियों में चढ़ते हुए....
एक और कविता की सम्भावना,
या फिर पियानो पर बाख,
ब्रह्मस,
उसे आदत है अपने दाएँ और तिरछा होने की,
जब उसकी उँगलियाँ पियानो पर पड़ती हैं,
मिलना कुदरा की तरह हलके हाथों से,
इस रात्रि निमंत्रण में दुनिया की सारी सुंदरताएँ........

मापदंड

सिर्फ एक मत है मेरे हाथों में,
मेरी आँखों के सामने लहराती हुई दो सुंदरियां,
आखिरी चरण में,
जजों के दल में एक सदस्य मैं भी हूँ,
मेरा धैर्य और थकावट अब जवाब देने वाली हैं,
मैं उन सुन्दरियों की प्रतीक्षा में हूँ,
वह कब अपने स्विम सूट पहनकर, लगभग नग्न अवस्था में मेरे आँखों के सामने
आयेंगी,
और मैं उनकी सुन्दरता को परखूँ, और किसी एक को विजेता घोषित करूँ,
मेरा मत भी इन सुन्दरियों के दृढ़ निश्चय की तरह दृढ़ है,
पर एक औरा की तरह जो विनाश की तलाश में है,
लड़कियों का शरीर भी सब नजरों के बीच लहराते हुए गुजर रहा है।

हवा का तेज बहाव

हवा का बहाव तेज हो रहा है,
मुझे इन इखों से बहुत लगाव है,
यह दूर तक दिखने वाली हवा के साथ लहराती इखें,
कोई सोचने की आवश्यकता नहीं,
सिर्फ इखें,
एक दूर तक फैला नजारा मेरे प्यार की तरह,
जिसमें कोई तश्प्ति नहीं।

मेरा निजी विवरण

अंत में जाकर लोग नहीं थे जिन्होंने मेरी जिन्दगी बर्बाद करी,
मैं खुद ही था,
मेरी पढ़ाई और फिर से पढ़ना था,
जिसने मेरी जिन्दगी बर्बाद करी।

आनंदमय

बर्फ गिरते हुए और यह मिटटी आनंदमय होते हुए,
इस दृश्य के चाहने वाले, जब इन आनंदित बर्फीले रास्तों पर चलते हैं,
तो वह भी आनंदित होते हुए,
एक बूढ़ा आदमी अनाज के दानों के साथ,
एक पक्षी का घोंसला तैयार करते हुए,
पक्षी भी आनंदमय होते हुए,
बंजर पेड़,
पत्तियाँ तितलियों में बदलते हुए,
फूल फलों में बदलते हुए,
जो पेड़ कभी बंजर थे वह भी आनंदमय होते हुए,
एक बच्चा, जिसे मैंने नहीं देखा है,
–जो अपनी माँ की कोख में है,
माँ की मुस्कान भी कितनी आनंदमय है
–ऐ बर्फ के टुकड़ों पर लहराती हुई हवा,
तुम्हे इन बच्चों को अकर्षक बनाना होगा।

सोने से पहले लिखना

मैं न ही सो पा रहा हूँ,
न ही इस संगीत को छोड़ पा रहा हूँ,
अपनी इस हिलती हुई कुर्सी में बैठे हुए,
मैं आसमान से आती हुई रोशनी को देख रहा हूँ,
नीले बुद्ध की तरह नीला आसमान,
मैं कुछ भी छोड़ पाने में असमर्थ हूँ,
मैं एक आदर्शवादी हूँ,
मैंने झोंक रखा है खुद को इस अंधकार में,
मैं हवा के झोंके की तरह हूँ,
अवास्तविक हूँ,
लहरा रहा हूँ हंग्जो शहर की तरह,
दिन के उजाले में डूबे एम्स्टर्डम शहर की तरह,
इसके आसमान में वास्तविकता और अवास्तविकता की मदहोशी में दिखते
  खालीपन की तरह,
यह सब ऐसी जरूरतें हैं जिन्हें एक बूढ़ा आदमी ही समझ सकता है।

दया भाव का मंत्र

अब इन खिड़कियों से कोई लगाव नहीं रहा,
कोई मोह नहीं रहा,
बत्तियाँ बुझ चुकी हैं,
पर फिर भी कोई प्रेम नहीं।
–ऐसा क्यूँ नहीं ? क्यूँ भगवान और सारे देवी – देवता मेरे सर के ऊपर
आसमान में हैं ?

वार्तालाप

तुम्हे यह किसी सामान्य सांसों की तरह नहीं लगता,
तुम्हे यह लगता है, तुम्हारे हाथ की तरह,
जिसे तुम अपने जिस्म से दूर रख कर आगे बढ़ाते हो,
दुःख,
जिसे तुम खुद भी देख सको,
फिर तुम इन्हें वापस अपने पास ले आते हो,
अभी भी तुम्हारे ही हैं,
तुम्हे यह किसी सपने की तरह भी लगता है,
यह तुम्हे करवटें बदलने के लिए मजबूर करता है,
अपनी जगह से दूर जाते हुए,
तुमसे रोने का अनुरोध करते हुए,
पर तुम कैसे इसे धीरे – धीरे अपना बीता हुआ कल बनने से रोक सकते हो।

निबंध

किस दलदल से निकलते हुए,
किस बुलावे पे आते हुए,
शाम के वक्त,
शरद ऋतु की हवाओं का आगमन होने वाला है,
वह आने वाली हैं,
शरद ऋतु की हवाएँ,
अब आराम का वक्त नहीं,
सुई, धागा लेना होगा,
मुझे किसी बच्चे की छोटी बाँहों वाले कपड़ों को सिल कर लम्बा करना होगा,
फिर मुझे इस निबंध के जन्म को सबको बताना होगा,
शरद ऋतु और इसका सूखी पत्तियाँ आने वाली है।

सपने

एक रेलवे स्टेशन,
सर्द हवाएँ,
मैं बूढ़ा हूँ,
और मुझसे ट्रेन का टिकट खो गया है,
बर्फीली हवाएँ बहती हुई,
मैं अपने बचपन के वायलिन को साथ लेकर चल रहा हूँ,
कितना अद्‌भुत है यह,
मैं बूढ़ा हूँ,
मेरे सपने मुझे वह दिखा रहे हैं, जिसे मैंने बचपन में चाहा था,
जब वो भी जवान था, जब उसे भी मुझसे प्यार था और
मेरे प्यार पर विश्वास था।

हिलती कुर्सी में

मैं धीरे – धीरे कुर्सी को हिला रहा हूँ,
इसके हिलने के साथ खुद भी बह रहा हूँ,
और सो जाता हूँ।
इससे ज्यादा और जरूरी क्या हो सकता है !
बस इसी तरह अपनी कुर्सी को सुबह – शाम दुलारता हूँ,
मेरी याददाश्त,
और मेरी भुल्लकड़ी,
इससे न मेरे शरीर, न ही मेरी आत्मा का कोई लेना–देना है,
बस कुर्सी का हिलना,
इसके साथ खुद भी बहना,
और सो जाना,
बस खालीपन और यह खालीपन जारी रहता है,
फलों वाले वृक्ष भी मुरझा रहे हैं,
सारे फल सर्दियों के मौसम से पहले गिर जायेंगे,
और मैं अपनी नयी कविता की और मुड़ जाऊँगा,
और उसका अभी पता नहीं।

जब मैं अपना मुख अँधेरी काली रात की ओर मोड़ूँगा,
तो सच में कौन समझेगा –
एक औरत जो इस युग को चाहती है जिसमें वो रहती है।

एक संभावित किताब

हमने जंगलों और झरनों की बात करी,
एक संभावित लकड़ी की झोंपड़ी,
इस पर लगी लताएँ, तिपतिया घास की बात करी।
एक खोई हुई लोमड़ी जिसकी आँखों में ओस है,
आप और मैं,
प्रेम से प्रेम करते हुए,
इस झोंपड़ी की परछाई, थरथराहट और भय से प्यार करते हुए,
इस पर बीसों कविताएँ और एक दुःख भरा गाना है,
यह बारिश, यह हलके कोहरे की चादर, तितलियाँ और फूलों की खुशबू,
एक लाल चोंच वाले पक्षी का गाना,
यह सब छोटे–छोटे जानवरों को भी लुभा रहा है।
यह संभव है पंखों के लिए बिना शरीर के उड़ना !
आप और मैं
–एक संभावित किताब
इसकी अस्पष्टता और अर्थहीनता ने इस वक्त नया मतलब रखा है।

फूलों का दुःख जो खुद को त्याग कर फलों के लिए जगह बनाते हैं

जैसे उन फूलों का दुःख जो खुद को नष्ट कर फलों के लिए जगह बनाते हैं,
उसकी सांसों ने मुझे रोक लिया,
उसकी सुन्दरता तो अब नहीं रहीं,
और उसकी गलियों में जगह प्लास्टिक के फूलों ने ले ली है,
ओह ! उसकी सुन्दरता,
प्रभात के समय जैसा दृश्य दिखाती हैं,
सूर्योदय से भी ज्यादा सुन्दर है यह दृश्य।
अगर हम अभी भी दुनिया से तर्क कर रहे हैं,
तो हमें अब रुक जाना चाहिए,
और सुनना चाहिए उसकी हलकी सांसों को,
जिससे हमें और त्यागने की इच्छा होती है,
एक भिनभिनाते बुलेट से भी ज्यादा,
उसकी सुन्दरता –

तुम और मैं

कोई उचित शब्द नहीं है !
पश्चिमोत्तर पहाड़ियों से हटाये जाने के बाद,
जो मुरझाई घास बचती है,
मैं आकस्मिक तुम्हारे बारे में सोचने लगा हूँ,
तुम और मैं,
—मानवता ने जिसे प्यार की परिभाषा दी है,
कोई उचित शब्द नहीं है उसके लिए,

घटना

बड़ी सुन्दरता से और व्यर्थता से,
–जब वह तारों से भरे आसमान को देखती है,
और स्त्रियों वाले आंसू बहाती है,
वह जानती है,
उसे जरूरत है अध्यात्मिक अलोक की,
उसे जरूरत है अपने सारे पापों से मुक्ति की,
उसे जरूरत है थोड़े बांकपन की।

प्रतिक्रिया

आखिर में कुछ भी नहीं होता –
तेजी से और धीरे से,
अपनी भूरे रंग की मुलायम कुर्सी पे बैठे,
सामाजिक शास्त्र की चादर में,
अगले ही क्षण एक नयी सोच के साथ,
जुबान पे कविता और शराब,
जिस्म के इधर –उधर,
दाएँ और बाएँ के बीच,
भाग्य के किन्तु – परन्तु से पहले,
–इसी जीवन में !

सफेद रंग की एक गेंद

एक ऐसे क्षण में,
एक सफेद रंग की गेंद है,
अँधेरी काली रात में एक दरवाजे के छेद से निकलते हुए,
सीधा तुम्हारी ही ओर आ रही है,
हर तरह के लालच से निकलते हुए,
हर तरह के लालच से मुक्त होते हुए,
इसी के साथ आ रहे हैं धुंध के बादल,
सिर्फ आकार ही दिखाई दे रहा है,
पर कोई वजन नहीं है,
सिर्फ तुम्हारी ओर बढ़ता हुआ,
रहस्य के करीब,
पर स्वर्ग से दूर,
सारे दुःख दर्द से ऊपर, एक बुलावा,
इस क्षण में,
अपने में सब कुछ समाये।

इससे बढ़कर कोई खुशी नहीं

तुम सब जानते हो,
मैं कुछ भी नहीं कहता,
तुम्हारे बाएँ में,
हवा एक और साल की सूखी, गिरी हुई पत्तियों को बहा ले जाते हुए,
कुछ पैरों के निशान हैं दूसरों से भिन्न,
मुझे यह सब पसंद है,
जैसे की मुझे पसंद है तुम्हारा अचानक से मुड़ना,
और हवा में मेरे बिखरें बालों में हाथ फेरना,
इससे बढ़कर कोई खुशी नहीं।

माँ

प्रभात का समय – बारिश की बूँदों का कम होना,
विक्रेताओं के शोरगुल में और मेरी माँ मिले,
इसकी जड़ें जहाँ से निकलती हैं –
माँ ताजी सब्जियाँ मेरी टोकरी में रख देती है,
माँ,
इससे पहले की यह अपनी खुद की जिन्दगी में लौट जाये,
दो बारिश की बूँदें,
सांझ के समय में बालों पर पड़ती है,
मेरी माँ वही खड़ी रहते हुए,
मुझे विदा करती है,
जैसे कोई गली अपने रास्ते को विदा करते हुए आगे बढ़ती है,
माँ –

पारिवारिक पत्रः काओ रेन 'अर के लिए

काओ 'अरः

बुल्गारिया के भू–दृश्य शानदार हैं,

लड़कियों की मनमोहिनी काया,

यहाँ तक की वो भी बहुत सुन्दर हैं,

जो गलियों में धूम्रपान करती मिलेंगी,

या फिर जो स्विमिंग पुल से निकलते मिलेंगी,

मैं आज ही वार्ना शहर पहुँचा,

मेरे होटल की बालकनी से ब्लैक सी दिखता है,

ग्रीस का,

एजियन सी,

जहाँ पे सीगल पक्षी भी आते हैं और चले जाते हैं,

सूर्योदय और सूर्यास्त,

घर पे शाम का समय होगा,

क्या तुमने रात का खाना बना लिया है,

क्या मिमी पियानो बजाती है?

मैं सुबह की हवा में सैर करने जाता हूँ,

सिर्फ एक शांत कुत्ता होता है और मैं समुद्र–तट पे,
दौड़ता और विश्राम करता,
काओ 'अर,
मैंने कभी –भी अपने चीन के दुखों को,
बुल्गारिया के ब्लैक सी में नहीं फेंका था,
मैं अब भी सोचता हूँ......
इस क्षण भी,
और अगले क्षण भी।

बचना

बसंत का समय है पहाड़ियों में, हमारे पास कई वजह हैं
मैदान पर बैठने की,
हम मैदान पर बैठे,
और कोशिश करी कि हम भी साथ बह जायें,
एक गिलहरी लम्बी छलांग लगाती है,
तुम सो जाते हो,
तेजी से साँसें लेते हो,
तेजी से और एकसा से,
जैसे तुम्हारे दिमाग में कुछ भी नहीं चल रहा हो,
जैसे तुम्हारी लम्बे वक्त से चल रही शादी में कोई रुकावट न हो,
धूम्रपान करते हैं,
चाय पीते हैं,
हम खुल के बातें करते हैं,
सर्दियों के समय में चमेली के फूल खिले हुए हैं,
हमारे बीच दाएँ और बाएँ, एक – एक फूल हैं,
दोनों नए फूल हैं,

आनंद ले रही हैं, शायद मधुमक्खियाँ भी हैं,
और हम आनंद ले रहे हैं इस दृश्य का जो हमारे सामने है,
इस क्षण भर के बचने की वजह से।

कल्पनाशक्ति

मुझे सबसे अधिक प्रेम मिलता है मेरी कल्पनाशक्ति से !
तुम मैं नहीं हो और जो मैं चाहता हूँ एक जूनून में जलना,
किसी नदी की तरह ....
जिस्म की बनी आदतें,
और फर्श पर बर्फ इससे पहले की कवि सोने अपने बिस्तर पर जाये,
वह सोचे जो तुम्हे पता नहीं होंगी,
जैसे अपने सर को उठा रहा हूँ।

डर

एक पहेली ....
अँधेरे में आखिर कर मैंने इसके रहस्य को छुआ,
धागे का एक छोर,
पर इसे खींचने की हिम्मत नहीं है,
–जैसे अनाज का एक दाना बीज बनता है,
फिर से अनाज बनता है, फिर से बीज ....
धागे के छोर का पीछा करते–करते,
मैं अनंत हारता चला गया
और डर में खोता चला गया।

नदी किनारे टहलना

मैं अक्सर नदी किनारे टहलता हूँ,
दिमाग में कई चीजें सोचता हूँ,
एक क्षण शांति से,
बहते हुए पानी की आवाज सुनता हूँ,
एक आह,
गिरती हुई पत्तियों से भी हलकी,
सुनने में भी हलकी,
ठहरती है,
और सीधा दिल में लगती है,
न ही किसी से बात करता हूँ,
न ही बोर होता हूँ,
बस कंधे से कंधा मिलाकर चलता हूँ,
अपने आप में गुनगुनाते हैं,
कई मशहूर गानों के बोल,
अक्सर,

उसने नदी को कहा,
यह बोल बहुत अच्छे लगते हैं,
नदी को कहा,
मैं भी कहता हूँ।

दोहराना

—काओ रेन 'अर के लिए

अपने बिस्तर पर उसकी बेटी,
सटकर सोई हुई है,
उसके छोटे–छोटे हाथों में सीरींज से तरल पदार्थ,
उसके शरीर में पहुँचाए जा रहे हैं,
इससे उसे दर्द भी हो रहा है,
वो रो भी रही है,
–मेरे शरीर को मेरे बच्चे का दर्द सहने दो,
किसी ने यह शब्द दोहराए थे उसके बिस्तर में जाने से पहले,
माँ!
वो रो पड़ती है,
उसके आँसू भविष्य देखते हैं,
हाँ,
एक दिन,
एक दिन उसकी बेटी भी माँ का दिल महसूस करेगी,

एक माँ के जिस्म में,
इन शब्दों को दोहराते हुए –
मुझे मेरे बच्चे का दर्द महसूस करने दो!

इस विशाल संसार में

जिसे ठण्ड जलाये,
एक होलिका है,
जिससे कोमलता छीन लें,
वो टूट जाता है,
जिसे माँ माफ करदे,
वो उसके बच्चे ही होंगे,
बच्चों को उनकी गलती के लिए माफ कर दिया जाता है,
बच्चे फिर से गलती कर सकते हैं,
ओह ! इस विशाल संसार में मुझे जिससे सबसे ज्यादा प्यार होगा,
वो एक अनमोल रत्न होगा।

मृगतृष्णा

क्या फर्क पड़ता है यह सच में हो या क्षण भर की मृगतृष्णा –,
एक अधेड़ उम्र का आदमी,
असली सूती के कपड़ों में,
–एक लम्बी पोशाक में,
दोपहर के समय अपने हिलने वाली कुर्सी में बैठा हुआ,
बालकनी में है जहाँ बुगनबेल के फूल,
और जापानी आइरिस के फूल लहरा रहे हैं,
उसके जिस्म की साँसों का तापमान भी बढ़ –घट रहा हैं,
एक ऐसी सुन्दरता जिसे उसने अपने –आप में भी समेट रखा है,
एक महिला जिसका उसने दामन थामा था,
जिसकी सुन्दरता वो अब भी चाहता है,
जैसे वो पढ़ रहा है,
–माँ जैसी रोशनी कोमलता से उसके चेहरे के शिकन पे पड़ती हुई।

यह उसने क्या किया

–वह अपने हाथों को धोती है,

–वह बड़ी देर से अपने हाथों को धोए जा रही है,

–वह बड़ी देर से अपने हाथों को धोए जा रही है लगातार,

–उसने तब तक अपने हाथों को धोया जब तक उनमें से खून नहीं निकलने
लग गया,

–यह उसने क्या किया,

क्या है यह ?... यह उसने आखिरकार क्या किया ? क्या है यह ?

झूठा

वह झूठ बोल रहा है,
अपनी, धीमी प्यारी आवाज में,
उसके शब्द उसके चश्मों को गीला कर रहे हैं,
उसकी कमीज को,
उसकी टाई को भी,
वह रोने लग पड़ा,
झूठा,
आँसू निकाल रहा है,
उसका चाकू और कांटा, उसकी मेज पर पड़ा पश्चिमी खाना,
फर्श पर उसकी परछाई भी गीली हो गयी है,
यह सब जारी रहता है,
महिला फिर कहीं ओर देखने लगी,
मछली की हड्डी को उसके गले अटकने दो।

19 मई, 2008

एक पक्षी के भी अपने आकर्षक पंजों ने,

मेरे कक्ष में कदम रखे,

उसने अन्दर झाँका,

फिर एक और बारी झांक कर देखा,

फिर उसने बार –बार अपने पंख फड़–फड़फड़ाकर उड़ान भरने की कोशिश की,

फार फड़–फड़ाने उसने एक ओर नजर भर के मेरे कक्ष में देखा,

जैसे मेरा कोई पूर्वज हो,

और जो मुझे चाहता हो इस अँधेरे में,

जैसे ही मैंने ऐसा सोचा,

वह उड़ गयी थी।

डिप्रेशन

वह अपने उदासीन पति के लिए एक काल्पनिक कथा लाई,
उसने कहानी को बच्चों की आवाज में तेजी से पढ़ा,
वह शहद की तरह मधुरता लाई,
बर्फ का आनंद,
वह अपने जादूगर के हाथों को ले आई,
दवाइयों की खुशबू जब फैली,
उसने ममता की तरह उसे सहारा दिया,
उसने सैंकड़ों खुशी भरी पंक्तियाँ लिखी,
अपने पति के उदासीन शरीर पे,
फूल मुरझा गये और फिर से खिल–खिलने लगे,
बसंत आई और चली गयी,
उसके आँसू बह कर कमर तक आने लगे,
जब दवाईयों की खुशबू कमरे में फैलने लगी,
वह तून के पेड़ के नीचे बैठकर,
फूट – फूटकर रोने लगी,
किसी बुद्धिजीवी की तरह –
पर यह सब भी उसके
पति की उदासीनता को दूर नहीं कर सका।

घटना–स्थल में

हाँ,
मुझे याद है तुम्हारा घबराना और लज्जित होना उस समय,
उस समय,
मुझे याद है तुम्हारा बच्चों की तरह टकटकी लगाकर देखना,
तुम्हारे मुख के हर कोने जब तुम माफी माँग रहे थे,
कोई ऐसी जगह नहीं थी जहाँ तुम अपने हाथ फैला सको,
काली अँधेरी रात के एक कोने में,
तुमने सब समझाया था,
एक घटना–स्थल ...
मुझे सब याद है,
मैंने तुम्हे माफ भी किया था –मैं भूल चुका हूँ उस लैंगिक गुण को,
–धूम्रपान करते हुए,
हिचकिचाहट से,
–मुझे सब याद है।

अगर

अगर शाम के वक्त यह सब प्रेम से शुरू होता हो –
किसी के हाथों में सब्जियों का होना,
रोड किनारे के फूल,
चाबियाँ बनती हुईं,
किसी राह चलते व्यक्ति को मिला रास्ता,
इस बर्फबारी में ग्रे रंग के पक्षी का चहकना,
किसी के दिल का रुकना जैसे कदम धीरे होने लगते हैं,
–तो फिर क्या ?
क्या ठण्ड लगनी चाहिए ?
अगर यह सब रात में रास लीला में बदल जाये ?

आत्मभाषण

एक औरत से जाने जाना,
इस दुनिया में,
इसमें शामिल है कविताएँ लिखना और उसकी चिंता करना,
नाजुक सुन्दरी,
बाकी उसकी इच्छा पूरी करना,
पेड़–पौधों की तरह।

मृत्यु किसी शरीर को दर्द से मुक्त नहीं कर सकती

मैंने एक समाधि पे लिखा वाक्यांश पढ़ा था,
मैंने अभी भी खुद को एक नाम दे रखा है रूमाँ,
मृत्यु भी किसी शरीर को दर्द से मुक्त नहीं कर सकती ?
इस कब्रिस्तान के ऊपर जो चाँद है,
उसने अपनी सुलाने वाली सफेद रोशनी फैला रखी है,
सारा अन्धकार भी पेड़–पौधों के हरे रंग से मिल गया है,
–मैंने अभी भी खुद को एक नाम दे रखा है रूमाँ,
मैं देखता हूँ तारों से भरे आसमान में,
जैसे कोई औरत इस रहस्य से भरे आसमान को देख रही है,
जैसे कोई औरत रो रही है,
–न यह वहीं रो रही है,
मेरे आँसुओं से,
–मृत्यु भी किसी शरीर को दर्द से मुक्त नहीं कर सकती ?

शादी–शुदा जीवन में नींद

ओ ! मैं कितनी गहरी नींद में सोया हुआ हूँ,
बिलकुल अनजान,
उन्होंने इस तरह कमरे में प्रवेश किया,
कुछ देर तक धूम्रपान करते,
कुछ देर तक पीते,
किताबों के पन्ने भी पलटते – इतनी सारी कविताएँ,
जैसे वोह अँधेरे में गले मिलते,
महिला का इत्र हवा में फैलता हुआ,
एक सपने में जहाँ मैं एक मकड़ी से बातें करता हूँ,
वो मेरे कक्ष में ब्रांडी खोलते हैं,
धीरे से हिलाते हुए,
शारीरिक तापमान बदलते हुए,
यहाँ तक की मेरी बिल्ली को भी मदिरापान कराते हुए,
उसकी आँखें नशीली हो गयी हैं,
उसके पंजे और फर भी नशे में हैं,
उसकी कमर से भी मदिरा बहती हुई,

वह म्याऊं–म्याऊं करती रहती है,
म्याऊं ...म्याऊं,
ओ ! कितनी गहरी नींद में सोया हुआ हूँ मैं,
बिलकुल अनजान,
किसी भी चीज से।

बोक चोय

क्या बुराई है बोक चोय में,
बोक चोय साथ में लेकर चलते हुए,
बर्फबारी के मौसम में, एक गली में,
क्यूँ नहीं,
मैंने इसे एक परिवार को दिया,
त्यौहार की भेंट पे,
क्यूँ नहीं,

आनंद

इस प्राचीन आग पे कितना भरोसा किया जा सकता है,
यह आलू, यह कीचड़ में लगा जड़दार चीनी गोभी,
भाप निकलती हुई इन उबली हुई पाव रोटियों से,
और इसके साथ ठंडी गाजर,
अब इन सब के बीच मैं नहीं हूँ,
मेरी खुद की अनजान जिंदगी आस–पास नहीं है,
मैं एक ऐसी चीज का अनुभव कर रहा हूँ जिसे बौद्ध शास्त्र कहते हैं,
–एक आनंद,
सूरजमुखी के फूल मेरे तहबन्द में मेरे शरीर को स्नेह से भर देते हैं,
प्राचीन सूरज, कहाँ हो तुम?
इतना अच्छा महसूस कर रहा हूँ जैसे किसी प्राचीन काल में हूँ,
इस धुएँ की चादर में जिसकी आँखों से उदासीनता रिस रही है,
प्राचीन सूरज, मुझे कोई परवाह नहीं इस इस तेज–तर्राज युग की,
पंक्तियों से लगे कमरे, इस संसार में.....
सुबह की ओंस और पसीना और चिल्लाने की गूंज,

पहाड़ों से आती हवा – मुझे इन सब से प्यार है,
एक रसो–खाना पुराने वक्त की याद दिलाता,
शाम के वक्त की खाली शराब की बोतलें,
और मैं अपने लकड़ी के स्टूल में बैठा।

चीनी नए साल का पर्व

आखिरी रात,
हाँ बिलकुल! वह जानती है वह क्या कह रही है,
हाँ बिलकुल!
बिना ब्रह्मस के या उसकी व्यथा के,
जो 1896 में स्विट्जरलैंड से फ्रंकफर्ट तक चली,
बर्फीली जमीनों में,
सरकार ने पटाखे जलाये,
लोगों ने या जिंदगी ने,
रात्रि के भोजन का साथ मिलकर मजा लिया,
कागज के पन्ने आग को ढकते हुए,
इसे एक स्पष्ट नजरिए से देखो तो,
आँसू धूल में बदलते हुए,
पत्थर के स्मारक बनते हुए,
और
पीतल।

एकमात्र रेशम का कोकन

एक चुपचाप शांत बैठी हुई तितली,
बिना नींद के है एक एकमात्र रेशम के कोकन में,
–यह रात बहुत लम्बी है,
उसने मायावी पंखों को उड़ते देखा,
इस विशालता में,
रात की रोशनी ने उसे स्मरण कराया,
बड़ी सुन्दरता से उसने जो त्यागा था,
उसे अब वही चहिए,
–उसकी सोचों में तो दो बड़े पंख है,
उसने हवाओं को देखा,
पत्तों को हिलते देखा,
बारिश होते देखी, रुकते देखी,
फिर बारिश होते देखी,
–यह रात बहुत लम्बी है,
उसके अन्दर अब भी एक तड़प है,
उसने नकली फूलों पर मक्खियों को देखा,

और फिर उड़ नहीं पाया,
यह शर्मिंदगी उसे हमेशा याद रही,
आखिरी वक्त तक याद रहेगी,
–"काश होती कोई नींद की दवाई ?"
कब इस रेशम के कोकन से निकलूँगा,
इस भ्रम से निकलूँगा,
इस अनिद्रा से निकलूँगा,
–यह रात बहुत लम्बी है।

समय की कहानी

जैसे कुछ साथ में लेकर चल रही हो,
किसी राह चलते आदमी से तर्क करने के लिए,
वह उन्हें रोकती है,
उनके हाथों को खींचती है और कपड़ों को भी,
जैसे कोई छुपाया राज किसी अजनबी को बताना चाहती हो,
और फिर हड़बड़ी में अपना मुँह ढकती है,
इधर –उधर,
वह कीचड़ में गन्दी हुई टहनियों को फेंकती है,
फिर अपने हाथों को देखती है,
–कोई मश्त दक्शिन्पंती आत्मा है या कोई विद्रोही इंसान ?
फिर फेंकती है दुपट्टे में बटन,
पागलों की तरह चिल्लाती है,
फिर मैदान में महिला हलचल मचाती है,
किसी दुखी पंख की तरह,
उसे अचानक क्या शांत करता है,
–जैसे कोई शांति उसके अन्दर से उत्पन्न हुई हो,

अपने पंजों पे –वो किसी बैले नर्तकी,
अपना गर्दन और चेहरा,
आसमान के खालीपन की तरफ करते हुए,
जैसे यह दुनिया कोई जमी हुई नदी हो,
और वो एक हंस जो 1996 में जमी हो हो।

प्रार्थना

इस अनंत ब्रह्माण्ड में,
एक लैंप के नीचे,
जब एक लेखक लिखता हैः इस युग में जिसमे में रहता हूँ,
हे भगवान,
प्रार्थना है आप अपना शब्दकोश खोले,
और इसे कुछ मुस्कान भरे शब्द दें,
कुछ जादुई शब्द दें,
प्रार्थना है एक कवि को प्रदान करें,
शब्द जिन्हें पूरा देश प्यार करता हो,
–कितना जरूरी है यह !
यहाँ तक की मशग भी,
एक बारहसिंगा, भूरे रंग का भालू,
गिलहरी भी, कौए भी, चींटिया भी,
और भी –
प्रार्थना है प्यार को रोमांच दे,
स्वर्ग सा संसार दे बच्चों को,

और स्वर्ग दें मश्त लोगों को,
जब वो याद करता है,
या विचार करता है
इस अनंत ब्रह्माण्ड में,
उस युग में जिसमें मैं रह रहा हूँ....
हे भगवान्! प्रार्थना है उसे एक शुक्रगुजार देश दें,
और अपने शब्द।

II

नमन

झुक के नमन करो अपने अंदरूनी रहस्यों को,
अपनी शांत परछाई को,
अपने इस प्यार भरे रहस्यमयी शरीर को –
इसकी शांत राख को या ज्वाला की तरह जुबान को,
झुककर नमन करो,
–कभी –कभी सारी जिंदगी का यहीं सारांश होता है !

मधुशाला का गीत

1

मैं शांति से बैठा हूँ,
सभी आने वाले भी शांति से बैठे हैं,
धूम्रपान करते हुए,
चाय पीते हुए,
फिर समय–समय पर खिड़की से झाँकते हुए,
देखते हुए अपनी जिंदगी में जिसमें वो डूब गए हैं,
–हमने इस जिंदगी को अच्छी तरह नहीं जिया है!
वो अपनी टूटी हुई वीणा का तार है,
और मैं वो छंद हूँ जिसे मैं खुद कविता में नहीं व्यक्त कर सकता,
दो महिलाएं शांति से बैठे हुई हैं,

2

क्षण भर में गले लगती हैं,
सिर्फ गले ही लगती हैं,
एक बिल्ली,
दो तरह की गंधों को अपने मुँह में दबाये हुए है,

3

न ही कोई प्रेरणा, न ही कोई अंत इतना लम्बा चल सकता है,
इसके बाद कलात्मकता है

4

मैं अभी भी धूल का एक कण हूँ,
मैं न ही बढ़ रहा हूँ,
न ही सिकुड़ रहा हूँ,
मेरी नजरों के सामने चाँद है,
मैं हूँ और धूल के दो कण है,
–चाँद भी यह जानता है

5

युवती
–ऐ ले मोद देजर्ट की तहजीब ने उसे माफ किया,
कृपया कर के जारी रहो –

6

जैसे वो किसी मकबरे से वापिस आया हो,
उसके चेहरे से किसी दुःख के निशान होते हुए,

7

चले आओ –
जैसे शराब अपने गिलास में वापस आ रही हो,
चले आओ –
जैसे ठंडी परछाई अपने गर्म शरीर में वापस आ रही हो,
चले आओ –

जैसे आग की लपटें राख में बदल रही हों,

चले आओ –

जैसे भूत, पिशाच स्ट्रेंज टेल्स' में जा रहे हों,

चले आओ –चले आओ,

अपना अकेलापन दूर करते हैं।

---

* यहाँ पु सोंग्लिंग की स्ट्रेंज टेल्स की बात हो रही है। यह प्राचीन किन वंश की है, यह पांच हजार कहानियों का संग्रह है।

गुड़िया

उसकी बेढंगी मुस्कान,
कोई सयानी नहीं,
उदासीन,
एक तिल है उसकी गर्दन के दाएँ तरफ,
अंगूरों के खट्टेपन के साथ,
वह बची रही शांति बनाये हुए,
कोई ताकत नहीं कुछ भी करने के लिए,
पर सोचता हूँ,
शिल्पकारिता में कैसी रही होगी,
आसपास के मंदिरों का मजा लेते हुए,
शक करते हुए,
हल्के से कराहते हुए,
इस तरह के दयालु और भावुक क्षणों से परिचित है,
नीलकंठी पक्षी की आवाज से और बर्फ से भी परिचित है,
उसका खुद का अपना दुःख है,
खाली जेबें हैं,

कैंडी जिसे वह हमेशा से चाहती थी उसने कभी नहीं देखी,
वो जो उसे बनाते हैं उसे ठीक तरह नहीं देख पा रहे,
सिर्फ एक चाँद ही है जिसे वो चिराग कहती है,
वहीं उसे पूरा उजाला कर सकता है।

पछतावा

—मुझे माफ करो,
मेरे शरीर मैंने इतने सालों में,
तुम्हे बहुत दुःख पहुँचाये,
मैं अपने रास्ते में चर्च की तरफ जाता हूँ,
अपनी लाल चप्पल में, मेरी निक्कर,
रात की छाया मेरे कमर के आसपास,
सारे झींगुर और पक्षी सो चुके हैं,
मैं अभी भी चल रहा हूँ,
सारी धूल बैठ चुकी है,
मैं अभी भी चल रहा हूँ,
खुला आसमान,
गहरा पछतावा,
मैं अपने रास्तें में चर्च की तरफ जा रहा हूँ,
गहरा प्यार इस देह को भ्रम में बदलते हुए,
मैं थोड़ा अस्थिर होते हुए,
मेरी उदासीनता अभी भी दूर होनी बाकी है।

रोना

वह उन सब के जागने के इंतजार में,
रात भर चली लम्बी बहस से थके हुए,
वह सब थके हुए थे,
छोटा बच्चा अपने–आप को अच्छे से तैयार करता है,
अपने जूतों के फीतें बाँधता है,
अपने पिट्ठू बैग को स्टूल पर रखता है,
शीशे की खिड़की के सामने खड़ा होकर,
अपने माता–पिता के जागने का इंतजार करता है,
–उसे चिड़ियाघर जाना था 4 नंबर की बस पकड़कर,
माँ बेपरवाही से कमरे की छत को देखती है,
फिर अपने तकिये को ठीक करती है,
दोबारा अपने शरीर को बिस्तर के किनारे ले आती है,
फिर छलांग लगाकर बिस्तर से उतरती है,
पिता अपने खर्राटे बंद करता है,
झगड़ा जारी रहता है...

बेचारा छोटा बच्चा अपने पिट्ठू बैग के साथ,
स्टूल पे बैठा,
बार–बार रोता है,
शीशे की खिड़की के सामने,
बच्चों के दिवस में,
वह पौधों को, जानवरों को देखना चाहता है।

आनंद

जैसे कोई पंख तेज हवा का आनंद ले रहा हो,
मैं आनंद लेता हूँ तुम्हारी जोरदार, कड़कदार दहाड़ की,
जैसे कोई हिला देने वाली बादलों की गर्जन हो,
लहरों में चल रही हो,
मैंने आसमान की थतथराहत को देखा है,
अँधेरी रात में आसमान में पड़ती दरार को देखा,
–तुम्हारे अतीत के राज खुल रहे हैं,
मैं आनंद लेता हूँ,
जो तुम अपना भयंकर रूप प्रकट करते हो,
अपनी निराशा को प्रकट करते हो,
और राख –

इच्छाओं का समर्पण शरीर को

वही जाने–पहचाने खर्राटे और रात का समय,
मैं तुम्हे देख रहा हूँ –
समय के साथ यह प्यार बढ़ा है,
यह सारी मेज, कुर्सियाँ, यह विदेशी बेदाग, साफ बिस्तर,
ऐसे खर्राटों में तुम्हारे बाजू में बेफिक्र होके सोना,
इतने साल बीत गये हैं, पर मुझे अब भी प्यार है,
यह प्रशंसनीय प्रेम,
जैसे पतझड़ में गिरते पत्ते,
बसंत के मौसम में वापिस टहनियों में लग गये हैं,
इतने साल बीत गये लेकिन तुम अभी भी मेरी कविताओं में छुपे हो,
सच तो यह है तुम मेरे भाग्य में हो,
मेरी इच्छाओं का समर्पण हो शरीर को,
मैं समय को तुम्हारी यादों के साथ जोड़ता हूँ,
मैं यह सब देखता हूँ –
रात की चांदनी फैल रही है,

अँधेरी रात धीरे–धीरे कट रही है,
मैं अपने प्यार के बायें कंधे में हूँ,
इस आनंद में,
आज मेरे शरीर को अपनी एक मुद्रा मिली।

•

कवर गर्ल

एक अद्भुत नजर, जैसे कोई सपनों से निकला हो,
स्वर्ग से आया हो संगीत से स्वागत के साथ,
सभी दिशाओं का इरादा बदलते हुए,
शांत, नाजुक, वसंत की हवा समय में पिरोई हुई,
सिकाडा जीव की तरह पतली,
एक ऐसे रूप–काय के साथ जो दिल को छू जाये,
उत्तर में अँधेरी रात में उजाला करते हुए,
–मैं वो औरत हूँ जिसे तुमने बार–बार गले लगाया,
दो आँसू की बूँदें बीच हवा में झूलते हुए,
बाहर से नजरों को पड़ने दो,
वो जिनके मन मैले हैं,
साफ हो जायेंगे,
इससे।

छोटी लड़की

अपने स्कूल के आँगन में – कंटिया तारों से बाहर देखती,
एक छोटी बच्ची जो पेड़ों से खेलती और थैले में रेत भरती,
बिलकुल मेरी तरह,
उसने अपने–आप को एक लचीली रस्सी से तो बाँध लिया है,
बस कूदना बाकी है,
कितनी थक चुकी होगी –
क्या उसे भी बड़े लोगों के रहस्यों को बताने का वक्त आ गया है,
खेल के मैदान की मिटटी दक्षिणी पश्चिमी दिशा से आती हवा में बह रही है,
क्या उसके स्कूल के बस्ते में भी कुछ है,
बड़े–बड़े अक्षरों वाला पोस्टर उसकी माँ के बारे में,
क्या उसने सबसे छुपाकर फाड़ा है ?
–मैं रोने लगा,
उन काले अक्षरों को और
माँ के चेओंग्सम को,
नदी में फेंका है,
धरती में गाड़ा है,

रेल की दहाड़ती आवाज में चूर होते हुए,
अभी भी शाम है, उस नदी में,
तेज आवाज में गरजते साईरन अभी भी है,
छोटी लड़की बड़े साहस से कूदती है,
उसकी रस्सी पेड़ की ऊँची रस्सी से बँधी हुई है,
जैसे उसकी कमीज हवा में हिल रही है,
उसकी पतली कमर की एक झलक दिख रही है,
बिलकुल मेरी तरह –
वह हवा में उड़ रही है।

एक अद्‌भुत चीज

कुछ –कुछ .....
मैं कोशिश कर रहा हूँ तुलना करने की,
किसी और चीज से,
पर यह बहुत ही खराब तुलना है,
एक शाम इस बसंत में हवा चलते हुए,
एक अद्‌भुत चीज,
मुझे उदास कर रही है
यह एक ऐसे दिन और नाम की ओर इशारा कर रही है,
जिसे मैं याद करता हूँ।

एक संवाद तलाक के अवसर पे

"मेरा शरीर सच में बेढंगा है,"
"मेरे बहुत सारे सफेद बाल भी हैं,"
"तुम्हारा प्रेमी मुझसे ज्यादा लायक है,"
"ऐसा मत कहो,"
"ऐसा मत कहो वे अभी जवान हैं, खूबसूरत हैं जानते हैं,
अपने शरीर को कैसे उपयोग में लाना",
"पर तुम एक अच्छी औरत हो",
"मेरे भी कुछ राज हैं",
"बड़ी पेचीदा भावनाएँ हैं",
"मैं जनता हूँ",
"अपने से किसी उम्र में बड़े को ढूँढूं",
"कभी–कभी मैं भी ऐसा सोचता हूँ",
"बहुत देर हो चुकी है",
"सो जाते हैं अब",
"मैं जानता हूँ"।

अंधकार

अचानक से अंधकार,
मेरा लिखना रुक गया,
मैं अब खाली बैठा हूँ,
अब यह रात चुभते हुए,
ली पो के समय की रात की चांदनी के बारे में सोचते हुए,
और जमीन में ठण्ड से सिकुड़ते हुए,
एक घंटे के बाद,
मेरे कंप्यूटर की स्क्रीन फिर से चमक उठी,
और स्कॉटिश बैगपाइप संगीत फिर से बजते हुए,
लेकिन अभी भी मैं अपना काम जारी नहीं कर सकता,
कुछ –कुछ,
कविता एक इंसान की तरह ही होती है,
एक बारी साँसें चली जायें,
फिर वह हमेशा के लिए गयी।

झलक चीनी स्टूडियो से स्ट्रेंज टेल्स की

एक कोट जो पेरिस से उड़के आया है,
मुझे इस तेज सर्दी में रास्ता दिखाते हुए,
एक झलक चीनी स्टूडियो से स्ट्रेंज टेल्स की,
कागज के पन्ने पे बैले की कोमलता,
कमर से दर्द गुजरते हुए,
शरीर थक के चूर हो गया है,
क्या यह प्रेम जारी रहेगा ?
–एक झलक चीनी स्टूडियो से स्ट्रेंज टेल्स की,
एक अस्थिर काली रात,
बर्फीली हवाएँ अपनी दिशा भूलती हुई,
समय भी अचानक से,
ठहर सा गया है,
मैं अपने चेहरे को हाथों से ढकता हूँ,
जैसे कोई जंगली फूल मुरझाता हो किसी उपनगर में,
एक कोट जो पेरिस से उड़ के आया है,

मुझे एक महीन शराब की ओर ले जाते हुए,
समय–समय पर अपशब्द भी कहे,
मुझे सोचने दो .....
जैसे किसी धुंध के बादल हों,
या कोई झंझट,
मुझे सोचने दो .....

सुधार

किसी चीज को सुधारने की तरह,
अपने बचाव के रास्ते पे इठलाते हुए,
एक सुधार जिसमें बचाव के रास्ते से ज्यादा खतरा है,
इस दोपहर,
इससे पहले की थोड़ी स्थिरता आए,
यह वह नहीं है,
जैसी मैं चाहता हूँ,
या कोई दर्द भरी स्कर्ट
चाहती हो,
जब मेरा शरीर मेरी आत्मा के आगे झुकता है,
–ओ प्यारी दोपहर,
और सुधार।

परिवार से प्यार

बसंत की तेज धूप में एक अद्‌भुत चीज निकलती है,
मैं अपने प्यार में गिर जाता हूँ, जैसे पत्तें जड़ों पे गिरते है,
मैं अपने परिवार से प्यार करता हूँ,
मुझे बाहर हवा और धूल रोकने दो,
एक आनंद है इस साफ हवा में और धीमी बारिश में,
एक आनंद है यह नजारा जो इस धूप में दिखता है,
मुझे मेरे पूरे दिल से कंगारू बनने दो,
यह अविश्वसनीय है किसी औरत की गोद में प्यार मिलना,
जैसे वीणा की तार से कोई धुन छेड़ी हो,
यह धुन कोई और नहीं मैं ही हूँ,
एक गर्भ में पलने वाला बच्चा,
जो अपने बाप का नाम लेने वाला है,
हमारा नन्ना राजकुमार,
मैं भी तुम्हारे नाजुक होंठ बनाने का प्रयास कर रहा हूँ,
तुम्हारी माँ की तरह,
जो हमेशा खुशी ही फैलाती है,
कभी दुःख नहीं देती।

जैन धर्म का पालन

मैं अपनी हिलने वाली कुर्सी में हूँ,
और वह अपने बिस्तर पर हैं,
या फिर मठ में हैं,
बाकी इस शाम के वक्त में विशाल पहाड़ियों में हैं,
किसी छाया के नीचे,
नदी किनारे पेड़ों की छाया में,
प्रेम की साधना करते हुए,
या फिर किसी खाली किताब पे लिखते हुए,
धुंए में,
किसी दूसरी किताब से उदाहरण देख कर,
—इस चांदनी में और प्रकृति में।

शब्द

एक बहुत अच्छे शब्द,
मैं तुम्हे अनुभव कर रहा हूँ,
वे नहीं जानते,
हर एक व्यस्त दिन में,
मैं अचानक से कुछ करते रुक जाता हूँ,
कुछ सोचने के लिए,
इस बात से अनजान सोचते–सोचते,
मैं किसी और दुनिया में चला जाऊँगा,
सारे व्यंग्य, मजाक,
यह धूल है मेरे कपड़ों में,
मैं इस शब्द को चूमता हूँ,
इसका मूल चुकाने के लिए,
गर्भावास्ता से इसका भार बढ़ाने के लिए,
शब्द,
मैं तुम्हे अनुभव करता हूँ,
जिन–जिन लोगों ने तुम्हे अनुभव किया है,
वो जानते हैं इस खुशी को
और कैसे यह तुम्हे सांस देता है।

चलो नाचें

मैं हूँ,
इस संसार में उलझा हुआ,
बहुत ही सभ्य सुखद मुद्रा से,
मैं तुम्हे निमंत्रण देता हूँ,
मैं कहता हूँ नाचें,
इस चांदनी में,
धीरे–धीरे,
इस चांदनी में कुछ घुमाव सा है,
चाँद भी बहुत बूढ़ा है,
तुम्हारी चमक उससे ज्यादा तेज है,
मैं पीछे देखता हूँ धीरे से,
और याद करता हूँ,
तुम मेरे गले लगती हो,
याद करता हूँ उन पुरानी रातों से।

कागज का आदमी

मैं हम सबको ढकता हूँ कागज से,
एक बूढ़ा है,
तो बाकी सब की भी उम्र हो गयी है,
हम अब इससे ज्यादा और कुछ नहीं कर सकते,
अपने दिनों में हमने भी अपने कई गुप्त अभिलाषाएँ पूरी करी,
मैं इस आंगन में सांस लेता हूँ,
एक भौंकते कुत्ते को याद करता हूँ,
उस हरियाली को याद करता हूँ जहाँ सूरजमुखी के फूल थे,
चाय के बागानों को याद करता हूँ,
वो चाय की पत्तियाँ,
मैं हाए बोलकर तुम्हे याद करता हूँ,
दरवाजे के पास बैठे उस नीलकंठ पक्षी से ज्यादा खुश हूँ,
–इस देश के एक दूर के इलाके में हूँ,
अब कुछ और नहीं कर सकते,
हम धूम्रपान करते हैं, चाय पीते हैं और टहलते वक्त चूमते हैं –

माथे पर झुर्रियां पड़ गयी हैं,
उन झुर्रियों की भी एक भावना है,
हम कविताएँ लिखना बंद करते हैं,
जब भगवान हमें पहचानेगा,
तो वो हमें इन कागजी मनुष्यों से वापस कागज के कफन में बदल देगा,
इस तरह के वर्णन सच में दिल दुखते हैं,
–हम मानते हैं एक बार फिर यौवन में आएँगे, अपना ख्याल रखिये,
हम दोबारा मिलेंगे।

मैं जानती हूँ

पूरी दोपहर, वो यही दोहराती रही –मैं जानती हूँ,
अपनी कम्पन को छुपाते हुए,
यह अपमान,
उसकी अज्ञानता,
चाय का प्याला भी झुकने लग गया है,
सारा संसार भी झुकने लग गया है,
तुम जानती हो – मैं तुम्हारे शरीर को तुमसे ज्यादा चाहती हूँ,
हाँ मैं जानता हूँ,
मैं जानता हूँ.....
वह मुझसे और लफ्ज चाहती है,
इस के बदले या कहना चाहती है
कृपया करके मुझे मेरी गरिमा को शांति से बचने दो,
वह कितना चाहती है उसकी आँखों के सामने होता सब नियंत्रित करना –
पीछे की जिंदगी से लेकर आगे तक.....

एक और सपना

सपना –

मैं तुम्हे गले लगाती हूँ,

मैं तुम्हे बुलाती हूँ बच्चे,

मेरे लाल,

मैं तुम्हे अपनी ममता से सींचती हूँ

धीरे–धीरे गुन–गुनगुनाती हूँ,

धीरे–धीरे थप–थपाती हूँ,

ओ कितनी खुशी महसूस लगती है,

जब तुम्हे गले लगाती हूँ,

जैसे मैं सारे संसार को गले लगा रही हूँ,

– मैंने तुम्हे बड़ा होते देखा है,

– तुम्हे तुम्हारे नन्हे हाथों को दुनिया की तरफ फैलाते देखा है,

– तुम्हे मेरा रास्ता काटते देखा है, मुझे प्यार करते......

– तुम्हे मेरे सफेद बालों को मोड़ते देखा है,

फिर वापस सोने की मुद्रा में देखा है,

वापिस मेरी बाँहों में, मैं तुम्हे बुलाती हूँ मेरे बच्चे,

मैं तुम्हे बुलाती मेरे लाल,

धीरे –धीरे गुन –गुनगुनाते हुए,

धीरे–धीरे थप–थपाते हुए,

–मेरे सपनों में बीता समय वापिस आ सकता है, मेरा लाल फिर से पैदा होता है।

एक सफेद कागज का पन्ना

बहुत सारे कागज के पन्ने,
बेकार हो जाते हैं,
जिनमें कुछ नहीं लिखा होता,
पर उनमें से एक अलग है,
एक अनाथालय से बच्चें,
इसे जोर से पढ़ते हैं,
एक मधुर आवाज में,
वह छोटी आशाएँ जोर से पढ़ती हैं,
पंख परछाइयों को दूर ले जाते हुए,
जोर से पढ़ते हैं,
नीलकंठी पक्षी का चहकना कागज में भी गूँजता है,
जब बच्चे मुस्कुराते हैं –
इन पन्नों को पढ़ के।

आखिरी ब्यौरा

भविष्य की गलियों में तुम्हारी सफेद दाढ़ी चमकती है,
मैं कैसे गलियाँ पार करूँगा,
जब मैं लड़खड़ाते घर जाता हूँ,
अपने जंग लगे दराज को खोलता हूँ,
क्या मैं सो जाऊँगा,
तिरछा होकर,
बिना उन चिठ्ठियों की गठरी से रिबन उतारे,
कितना प्यारा अंत किसी फिल्म के लिए।

एक सन्देश संक्षिप्त में

अभी–अभी नहाकर निकला हूँ,
पानी की बूँदें,
भाप बनकर उड़ते हुए,
आह तुम कल्पना करते होगे मेरे बाथरूम का क्या रंग होगा,
मेरा गीला बदन,
कल्पना करते हुए मेरी प्रिय चीजों की,
नजदीक में,
दूर में,
मैं कहता हूँ: आओ, नींद की गोलियाँ,
यह समय सो कर बिताएँ,
मैं कहता हूँ: रात की साफ चांदनी,
कृपया कर के अपनी रोशनी चिनार के पेड़ पे डालो,
पर मेरे शयन कक्ष में, मेरे बिस्तर में कोई रोशनी न देना,
एक संक्षिप्त सन्देश,
उसका करिश्माई चेहरा,
एक पिता का या प्रेमी का।

लिखावट

पुराने पत्रों को देखते हुए,
मैं उत्तर दे रहा हूँ,
हर लिखे हुए "तुम कैसे हो " को,
हर लिखे हुए "फिर मिलेंगे " को,
अगर ऐसा मैं कर सकता –
किसी सुनसान रेल की पटरी के पास,
पुस्तकालय की सीड़ियों में,
नागफनी के पेड़ के नीचे गानों में,
शरीर में, यादों में
प्यार की,
–हम सब एक पंख वाले फरिश्ते, उड़ने के लिए हमें एक दूसरे के प्यार की,
सहयोग की आवश्यकता है,
प्यार में,
प्यार और सिर्फ प्यार,
हर संभावनाओं में और तेजी से...
सिर्फ प्यार के लिए,

और कौन,
एक शांत लैंप के नीचे बैठकर,
कागज और कलम के साथ,
एक प्रेम पत्र लिखें,
दूसरा प्रेम पत्र...
तुम्हारी लिखाई ही है जो मुझे रुला सकती है,
और किससे तुम यह कह सकते हो ?

फल काटना

उसने चकोतरा का फल काटा,
सिर्फ इतना ही की उसमें से खाली जगह दिख सके,
और थोड़ा सा खा सके,
समय व्यतीत करने के लिए,
सिर्फ एक संकेत की तरह,
अभी ज्यादा देर नहीं हुई,
चाकू अभी –भी तेज है,
उसने एक सेब काटा, एक संतरा, एक पपाया, एक नाशपती,
वोह फल जिनके बीज होते हैं,
इतना भरोसेमंद है,
वो उनसे बातें करती है,
मधुमक्खी की आवाज में,
कीचड़ की आवाज में और पसीने और टोपी ...
खुद भी आश्चर्य होते हुए – अपनी भावनाओं को कहानियों को सौंपे, कहीं खो गयी,
जैसे सो रही हो,

अचानक से फिर वो खिड़की से बाहर चाँद की तरफ इशारा करती है,
तुम–तुमने सब देखा,
मैं भी नैतिकता के कारण खड़ा हो गया,
यह सारे प्रलोभन मेरे लिए काफी नहीं थे।

एक दुखी मनुष्य

अधेड़ उम्र की,

औरत –

लेखिका अपने कक्ष में,

एक नाजुक चीज प्यार में,

अब एक ढेर टूटे हुए गिलासों का...

माँ के साथ घूमना

और तुम,
एक चुने हुए इंसान,
पर इस तरह बाल–बाल बचने का हकदार कौन हो सकता है?
एक पीढ़ी,
सारे आदर्श जमीन पर धराशाई होते हुए,
प्रेम शब्द अपने शब्दकोष में वापस जाते हुए,
कई बारी चिल्लाने से लेकर आपस में बड़बड़ाने तक,
कई मूर्खताएँ है,
डूबते सूरज से शाम का वक्त हो रहा है,
एक सामान्य पार्क के बेंच में,
तुम एक रुसी संक्षिप्त वाक्यांश दोहराते हो,
और तुम्हारी आँखों में मुस्कान है,
और आवाज में खुशी,
पेड़ों पे हवा चल रही है,
घना कोहरा है,
चर्च जहाँ कोई पश्चाताप करने नहीं जाता,
एक मकड़ा तेजी से बढ़ रहा है।

आखिरी साल

उसके बाएँ में है, उसके दाएँ से गायब हो जाता है,
यह सारे रोमांस,
इनका कोई फर्क नहीं पड़ता,
अगर सच में इनका कोई अस्तित्व है,
सुबह के अभिवादन को स्वीकार करना,
अब वो शुभ रात्रि स्वीकारती है,
इन आखिरी सालों की गीतात्मकता को मानते हुए–
रात्रि का कितना सुन्दर दृश्य है,
शास्त्र और धर्म के बीच घूमते हुए,
मेरे सोने से पहले,
कागज पे नहीं,
मैंने एक बारी इसका प्रयोग सपने देखने के लिए किया,
दूर देखने के लिए,
प्यार करने के लिए,
–जैसे कोई फूल खिला हो,

और फल पक गये हो, रसीले हों.

अब मैं इनका उपयोग सिर्फ सोने के लिए करता हूँ,

मरती इच्छाओं के साथ कई झूठ भी मर गये,

अब नींद की गोलियों को आने दो।

साथ–साथ

कागज से निकलकर,
मैं इस कुर्सी पे बैठा हूँ काफी देर से,
सूरज का सिर्फ आधा चेहरा दिख रहा है,
मेरी आँखें तुम्हारे जिस्म को देख सकती हैं,
साथ–साथ,
मुझे भी,
फिर भी मैं कितनी आसानी से,
तुम्हारी तनहाई को महसूस कर सकता हूँ,
किसी भी चीज से अलग,
अगर मैं किसी चीज को दुलारता हूँ,
तो वो हैं तुम्हारे कपड़े,
सिर्फ एक फालतू सा धागे का छोर है।

नीला और नारंगी

आओ बातें करें,

एक लड़के के बारे में जिसकी मुस्कान थोड़ी अलग सी है,

उदास और लम्बे बाल,

उसके जल्दी परिपक्व होने का औरतों और पढ़ने से लेना–देना है,

वह मेरे पीछे बैठा करता था,

वह मुझे एनवाए बुलाया करता था,

उसने मुझे खूबसूरती की और मौज–मस्ती की कई तस्वीरें दिखाई,

उनको सराह भी सकते हो और निंदा भी कर सकते हो,

रात होने को आई है,

उसकी चुप्पी पे,

वह हमेशा औरतों की इच्छाएँ पूरी करता था,

उसपे मुग्ध कई भावनाओं में उलझी औरतों का दिल उसने तोड़ा,

वो जो रिश्तों को समझते थे, एक उलझन भरी जिंदगी चाहते थे,

उसे एक बार प्यार करने के लिए तड़पते हुए,

यादों में खोने से पहले,

भीड़ में,

वो था नीला और नारंगी,

वो मेरे पीछे बैठा करता था,

मुझे एनवाई कहकर बुलाता

जीना

वह सब छोड़ चुके है,
उस दुर्घटना–स्थल का वर्णन करके मैं मुड़ आया,
यह एक चमत्कार ही है –मैं बच गया!
कितना महत्वपूर्ण है –मैं खुद को पहचानता हूँ,
और उन सबको
माँ काओ रेन 'अर, मिमी और बारिश की बूँदें,
उस लम्बी तार से लटकते हुए,
अपने भाग्य की ओर या
फिर उसके उल्टा ?
सालों बाद,
एक चोट का निशान,
उसपे खुजली करते हुए,
पुरानी यादें ...और
मैं मेरी खूबसूरत त्वचा का शोक मनाते हुए,
वह सब धीरे–धीरे मुझे छोड़ चुके हैं,
मैं अपनी बालकनी की तरफ जाता हुआ,

शाम के वक्त,

जिस वक्त इंसान सबसे ज्यादा भावनात्मक होते हैं,

देखता,

सोचता,

और अपने आँसू पीता,

—हाँ भगवान, कुछ तो कारण रहा होगा मुझे जिंदा रखने में।

दो लकीरें

बहता पानी और गिरते फूल,
एक आखिरी रोमांस जो मैं अपनी जिन्दगी में चाहता हूँ।

नवम्बर 19, 2008

मैं खुश होने का नाटक करते हुए,
पटाखे जलते हुए,
शुभकामनाएँ मिलते हुए,
मैं भूलने की कोशिश करते हुए,
अपने बाएँ से मिले धोखे,
और दाएँ से नुक्सान को,
सारे झूठ बीचों–बीच निकल जाते रहे,
जब चाँद भी सूरज की तरह उगता रहा,
और ठण्ड की परत–दर –परत डूबता रहा,
मैं अपनी इस शून्य के बराबर जिन्दगी से प्यार करने का ढोंग करता रहा,
मेरी कविताओं का युग,
और इसकी महान परछाई,
सोने से तराशी हुई,
मैं तुम्हे हमेशा चाहूँगा...
मैं अपने चेहरे को भी पसंद करने का नाटक करता हूँ,
–एक बार अपनी इस तीव्र जिंदगी को फैसला करूँ।

दोपहर

एक और दोपहर,
मेरी जिन्दगी में ऐसी कई दोपहर आयी और चली गयी –
मेरे हाथों में सिगरेट है,
गोद में एक किताब,
या फिर फर्श पे,
मैं एक झूलने वाली कुर्सी पे बैठा हूँ,
आसमान में सारे ब्रह्माण्ड को चलाने वाले भगवान हैं,
अधेड़ उम्र की शांति,
मेरे चेहरे पर है,
मेरे कन्धों पर है,
मेरे अचानक बहते आँसुओं में है,
प्रकृति,
तुम्हारे सारे मौसम मेरे लिए सारे फल लाते हैं।

प्यार जब तक न हों घायल

प्रेमिका का चेहरा, प्रेमिका की त्वचा,
आँखों के काले धब्बे,
बालकनी में पढ़ते हुए,
या इधर–उधर झाँक कर समय व्यतीत करते हुए,
अपने सिगरेट की राख को बाहर फैंकते हुए,
या फिर अपने चेहरे को हाथों से ढकना.....रोना....
इस क्षण में संध्या के वक्त ने इस निर्जीव विश्व में जान भर रखी है,
वो सोचती है,
निराश होना कैसा होता है,
जब स्तब्ध होते हैं,
यह निराशा होती है या इसका कोई और अर्थ है,
वह पढ़ना जारी रखती है,
ख्यालों में बहते हुए,
एक रहस्यमई खुशबू खोजती है,
यह संध्या का वक्त अपने साथ बारिश लाता है,
और प्रशंसा करता हूँ –
मैं प्रशंसा करता हूँ एक प्रेमिका के आँसू की –
प्यार जब तक न हों घायल।

अलविदा

संध्या का वक्त, चेहरे पे हवा लगते हुए,
सारी इच्छाएँ जल्दी खत्म होती हुई,
–हवा इधर –उधर बह कर जाती हुई,
हवा बह कर गलियों में, चौराहों में जाती हुई,
हवा बहकर टूटे हुए दिलों के पास भी जा रही है,
दो अश्व फिर जल्दी मिलेंगे
–शुभ यात्रा

मधुशाला से बाहर आते हुए

मधुशाला से बाहर आते हुए,
मैं एक सिगरेट जलाता हूँ,
पिली नदी के साथ जाता हुआ,
अकेला,
चलते –चलते धूम्रपान करता हूँ,
पानी का बहाव पूर्व दिशा की ओर है,
हवा उत्तर दिशा की ओर जाते हुए,
मेरे दायाँ पैर बाएँ पैर से भिन्न चलते हुए,
मेरी कमर हवा के साथ बहती हुई,
मैं जानता हूँ,
मैं हमेशा से ही शराबी था,
उस दिन,
नशे में बहुत दूर चला गया,
मैंने सोचा मैं अभी भी एक इंसान के बारे में सोचता हूँ,
और उसके भाग्य के बारे में,
जैसे अभी भी बीते हुए कल में हूँ

जैसे अभी भी बीते हुए कल में हूँ .....
पर नहीं,
अकेला,
चले जा रहा हूँ और धूम्रपान करे जा रहा हूँ,
मैं सोच रहा हूँ –
शरीर ज्यादा सच्चा होता ख्यालों से !

सूरज बूढ़ा हो चला है इतने सालों में प्रकाश करते हुए

शाम का वक्त और बंद किताब,
मुझे फिर से अन्धकार और शान्ति चाहिए,
कई साल पहले जिस चीज ने मुझे मजबूर किया था,
खुद को अभिव्यक्त करने के लिए,
–तर्कहीन क्षंदो में,
वो कहते हैं –यह एक कविता है,
एक आदमी था –जो मेरे बड़े होने की प्रतीक्षा में था ......
आज वो थोड़ा ढीला है,
तारों की रोशनी सारे ब्रह्माण्ड में फैली हुई,
वह धूल में इधर–उधर घूमते हुए,
शास्त्र किसी काम के नहीं रहे,
लाखों शब्दों का मजा लेने के बाद,
मैंने किसी को धोखा दिया,
और फिर से धोखा दिया,

क्या कभी ऐसा कुछ विचित्र लेकिन जाना–पहचाना आपके साथ भी हुआ है ?

सूरज बूढ़ा हो चला है, इतने सालों में प्रकाश करते हुए,

हर दिन मैं अपने – आप को, अपने शरीर को फिर से दोहराता हूँ,

क्या यह समय की राख का ढेर है या,

कोई छिपी हुई होलिका है,

क्या कोई तड़प रहा है पाने के लिए,

एक नाम या,

शर्मिंदगी उसकी करनी, इच्छाओं से,

अँधेरे में फिर से मैं देख रहा हूँ,

एक पहाड़ जहाँ से भविष्य का अनुमान लगाया जा सकता है,

वह एक इंसान है,

पर यह भगवान हैं :

सारी जिंदगी तुम बिना किसी उपाधि के चलती रही माँ।

दूर तक देखते हुए

सफेद से लेकर गहरे लाल तक,
हवा, बादल खिड़की से गुजरते हुए,
चूल्हा जल रहा है,
ठन्डे लोहे का ढेर लगा हुआ है,
और एक नग्न शरीर अपना मुख छुपाते हुए,
हर एक अपनी मुद्रा को बनाये रखते हुए,
एक औरत अपनी खिड़की से दूर तक देखते हुए,
उसके बैंगनी रंग के स्तन,
हर तरह के प्रलोभन से परे होकर,
एक भुलक्कड़ी के साथ,
वह वो देखती है जो समय नहीं देख सकता।

III

पश्चिम

अद्‌भुत चर्च किसी रेलवे स्टेशन की तरह बनाते हुए,
पर इससे बेहतर नहीं हो सकता –एक गद्दार हमेशा मेरे दिल में रहेगा।

सच

सत्य ने किसी कविता को नहीं चुना,
अध्यात्म,
इसने एक युग के कवि को नकारा है,
सत्य ने किसी साहित्य को नहीं चुना,
क्या इस क्षण में कोई संकोच और संदेह है?
सत्य ने कई अखबारों को अस्वीकारा है,
और कई अखबारों ने भी सत्य को अस्वीकारा है,
पर सत्य नष्ट नहीं हुआ है,
यह अभी भी है,
और हमेशा सत्य ही रहेगा,
अपने कानों से कल्पनात्मक कहानियों को शांति से सुनते हुए,
हम को जादू–टोना करते हैं।

आजादी

हाँ एक टोपी आजादी का प्रतीक बन सकती है,
पर क्या यह किसी मस्तक की जगह ले सकती है?
किसी विचारधारा की ?
जैसे समुद्र का खारा पानी किनारों को चाटता है,
क्या कोई आदर्शवादी अपनी जीह्वा से अपने आँसुओं को चाट सकता है,
वह फिर खड़ा होता है,
एक लम्बी, मजबूत दीवार
और उस पर टकराते अण्डों के बीच में...
–तुमने मुझे कहा था,
–जैसे बिजली आसमान को कहती है,
एक संग्रह किसी दूसरे संग्रह को कहता है,
एक बछड़ा कागज को।

हरटा म्युलर

यह प्रमाण देता है, आखिरी शब्द,
आवाजें जो वंचित रह गयी और
जो दफन हो गयी,
इसका विवरण उन सारे झूठों से विपरीत है,
यह एक संदेहवाद पैदा करता है,
एक व्यस्त चौराहे का,
जिससे प्रशासन भी डरता था,
बर्फ और कबूतरों का दृश्य,
एक निर्दयी भगवान,
सबका एक निर्दयी रखवाला,
—एक कविता क्या आपको यह अच्छी लगी अनुवाद के बाद भी ?

कवि

आपकी महान कविता, और जिन्दगी जो इसने बर्बाद करी,
आप भाषण दे रहे हो,
और मैं आपको देख रहा हूँ,
एक और दशक !
हमारे बीच कुछ स्याही बने हैं,
कुछ अभी भी कागज का किरदार निभा रहे हैं,
बसंत की हवा हमारे देश के कारखानों में बहती हुई,
खेती–बाड़ी में भी व्यापार है,
किसी कविता का एक उत्तेजक चेहरा,
कुछ खटक रहा है,
मेरी आँखों को और दूसरे युग की इस दुनिया को,
जब हम एक दूसरे से हाथ मिला रहे हैं,
मुस्कुरा कर पहाड़ी रास्तों पर चल रहे हैं,
कंधे से कंधा मिलाकर,
इन बसंत की हवाओं में –
मैंने धूम्रपान छोड़ा,

पर तुमने फिर से धूम्रपान करना छोड़ दिया,
मैं एक न ठीक होने वाला दर्द महसूस कर रहा हूँ,
तुम्हारी यह शादी अच्छी नहीं चल रही है,
और तुम अपनी पिछली दो शादियों से भी ज्यादा दुखी हो

विरोध

मेरा विरोध एक मूक बच्चे के मुख की तरह है,
पहले वह इसे थोड़ा हिलाता है,
फिर और थोड़ा,
– ऐ दुनिया, तुम्हारा यह एकतंत्रीय माइक्रोफोन,
पर तुमने कुछ भी नहीं सुना।

ढका हुआ

ज्यादातर बर्फ से ढका हुआ,
कुछ अभी भी सामने दिख रहा है,
एक दुखी शरीर सामने आता है,
बर्फ अब स्वर्ग की तरफ जाते हुए,
इस बात से बेखबर वे क्या ढक रहे हैं,
बेखबर,
भगवान क्या कहेंगे,
इतिहास क्या कहेगा,
सूरज सब को माफ करता है,
बर्फीली चादर,
अब आँसू से भीग रही है।

क्रान्ति या पशु फार्म

क्रांति,
मतलब सारे नारों को ठुकराना,
इसका मतलब है कोड़े,
कोड़े मारना,
इसका सम्बन्ध मशहूर "बीस्टस ऑफ इंग्लैंड " से है,
ऑरवेल की "एनिमल फार्म " से है,
और पशु चिल्लाते हुए
चार पैर ठीक हैं,
पर दो पैर नहीं,
इसका सम्बन्ध एक भेड़ से है,
और उत्तर की हवाओं से,
शहीदों को मरणोपरांत श्रद्धांजलि मिली,
पर धीरे–धीरे लोग उन्हें भूलते हुए।

कौन सा हाथ

यह हाथ बेबाक है,
यह हाथ हर मिनट को
आखिरी क्षण की तरह लेता है,
इसने कई काम साफ तरीके से किये हैं,
इस हाथ के लिए मुड़ो,
और इसे एक चीनी मिटटी की फूलदान को सीधा करने में मदद करो,
खिड़की के बाहर चाँद की चाँदनी बहती हुए,
जैसे किसी सपने की तलाश में हो
कौन सा हाथ
क्या यह हाथ ?

लिखना

मुझे लिखने दो,
प्रेम में जान देती मछली का आनंद है,
दु:ख कांटें में फंसने का,
इस तरह की बातचीत को जारी रखो,
शरीर को भी बीच में दखल देना चाहिए,
जहाँ शब्द नहीं पहुँच सकते ...
मुझे इस बिल्ली की सूंघने की शक्ति पर भरोसा करने दो,
जब यह मेरी एक कविता को डेस्क से मुँह में दबाकर,
कचरे के डिब्बे में ले जाएगी,
और दूसरी कविता को
मेरे डेस्क पर वापिस रखेगी,
मुझे इस वाक्या को चूमने दो :
मुझे मेरे होंठ प्रिय हैं
जब मैं आँसू बहाता हूँ,
क्यूंकि वो कहते हैं: मुझे तुमसे प्यार है,
मुझे जारी करने दो,

यह किसी स्त्री के प्रेम की तरह है,
पर कवित्वपूर्ण है,
खुद को तैयार करते हुए,
मैं स्वर्ग का शुक्रिया करता हूँ,
मेरे प्यार की शुद्धता से रोमांस बढ़ रहा है,
मुझे लिखना जारी रखने दो
हम कवि हैं – जो तुकवाले शब्द ढूँढता है,
–जैसे अख्मातोवा अपने युग में,
मुझे कहने दो :
क्या चौंका देने वाली समानता है,
आह – आओ आओ,
इन शब्दों के खौफ को कम करने के लिए,
और इन कांपते पन्नों को पकड़ो।

एक कविता

वह वहाँ पर है,
हमेशा वहीं ही था,
इससे पहले कोई कवि इससे लिखता पहली सुबह,
मानवता के खत्म होने से पहले...
फिर भी इस क्षण में,
इसने मेरी कलम को चुना,
इसने मुझे चुना,
एक उदासीनता है,
अल्पसंख्यकों के लिए कुछ लिखने में,
यह कुछ अपने ही अंदाज से आई है,
धीमे–धीमे,
एक कविता झूठ बनने के लिए क्या कर सकती है?
इसने कई महान और भविष्य में महान बनने वाले लेखकों को छोड़ा है,
और अपने साथ मेरे अकेले का नाम जोड़ा है।

माँ पढ़ रही है

रेलगाड़ी में,
माँ पढ़ रही है,
एक किताब अतीत से,
धर्म उसकी किताब में,
संदिग्ध है और हास्यास्पद है,
पर यह सब मेरी माँ का था,
मुझे इसका सम्मान करना चाहिए,
और चुप–चाप रहना चाहिए,
मुझे उसकी श्रद्धा का मजाक उड़ाना नहीं चाहिए,
न ही उसे ठीक करने की कोशिश करनी चाहिए,
हर पीढ़ी अलग है,
कोई भी अपना सर शर्म से नहीं झुकाए,
एक सदी है उसकी टीम–तिमाती आँखों में,
मुझे उनकी एक मंच पर फोटो याद है,
वह 'टेन्ग वन ' बनी थी,

वह शेनयांग टीचर्स कॉलेज में पढ़ती थी,
मेरा दिल धड़क रहा है,
मैंने उनके लिए उनके चश्मों को उतारा,
हम झेन्झौ पहुँच गये हैं, थोड़ा बाहर घूमने चलते हैं।

* अपनी सुन्दरता और प्रतिभा के लिए पहचाने जाने वाली, टेन्ग वान गीतकार लू यु की पहली पत्नी है। लू यु ने अपनी माँ के उनकी शादी के विरोध के चलते उनसे तलाक ले लिया था। लू यु और टेन्ग वान एक मशहूर ओपेरा है।

मैंने गिन्सबर्ग को सपने में देखा

मैंने गिन्सबर्ग को सपने में देखा,
जिसने अपने बीट पीढ़ी के जीवन को मुझे बताया,
धीरे–धीरे, शांति से, धीमी होती आवाज में,
समय ने जीवन को नष्ट कर दिया,
सारी चीखों को चुप कर दिया,
गिन्सबर्ग अब कमजोर हो गया हैं,
ग्रीनविच गाँव में सुबह का वक्त है,
बर्फ और कबूतर चर्च की ओर दौड़ते रहे,
मैंने सपना देखा,
हम दो किताबें थे,
और हमारे बीच कई और किताबें थी,
समय की शेल्फ पर,
उसके आखिरी शब्दों का चीनी भाषा
में अनुवाद किया गया,
अपने शरीर का विरोध मत करो।

बसंत क्या कर सकती है

अनिद्रा, इसमें बसंत क्या कर सकती है?
फिर सोने की गोलियों में,
मैंने सपने में एक चेहरा देखा
आधा जला हुआ, आधे में नक्काशी करी हुई,
यह कोई शर्म का स्मृति लेख था,
क्या मैं उसे जानता हूँ ?
क्या उसके किसी कार्य को ?
जैसे चिमनी से निकलता धुआँ,
यह जानते हुए की जिन्दगी जल रही है,
और इसकी राख,
क्यूँकि मैं जानता हूँ :
यह एक कविता है जिसको लेकर मैं इतना संकोच में हूँ –
यह जानते हुए मैं लज्जित होता हूँ,
खुद को जगाकर कहता हूँ –वह झूठ बोलता है,
और धोखा देता है,
कितना मूर्ख है,
एक भिखारी अपने घुटनों पर :
यह एक अद्‌भुत युग है।

निर्णय

एक दुःख का बयान बिना आँसुओं के नहीं हो सकता,
जैसे कोई काल्पनिक परियों की कहानी बिना बर्फ के नहीं हो सकती,
मुझे तरस है उन पर जो मेरे बाएँ है,
और उन पर जो मेरे दाएँ है,
जब रात को चांदनी घास के बीच से होकर गुजरती है,
मुझे तरस आता है एक़ निर्णय से घायल दो पक्षों पर,
क्या एक निर्णय सत्य की रक्षा कर सकता है,
एक और सत्य – एक माँ,
अपने बच्चे को प्यार करती है,
अपने बीमार बच्चे को प्यार करती है,
वह अपने बीमार बच्चे को ज्यादा प्यार करती है।

कुछ प्रस्ताव स्थापित करना

मैं झूठ बोलता हूँ,
मैंने झूठ बोले हैं,
एक बार फिर से
और मैं ऐसा जारी रखूँगा।

आखिरी के सालों में

वह बोलता है,
वह बोलता ही रहता है,
भाषण मंच पर,
वह एक क्रांतिकारी जोश दिखाता है,
और इतने सालों की प्रतीक्षा के बाद एक जोश,
यह बहुत देर हो रही है,
खाली सभा में,
वह अँधेरे से बात करता है,
खालीपन से,
अपने आखिरी के सालों से ...... अतीत की सराहना,
बिना किसी गूंज के,
यह विशाल आसमान माइक्रोफोन से बोल रहा है,
वह ऊपर ऊँगली उठाता है और बोलता है,
वह नीचे ऊँगली उठाता है और बोलता है,
अपने हाथ को अपने दिल पर रखे हुए,

जब तक आसमान सुबह के उजाले से चमक नहीं उठता,
यह दुनिया तुम्हारी है !
उसने एक अचानक आती बिल्ली से नहीं कहा,
हेलो,
अपनी सीट पर बैठो,
वह फूट–फूट के रोता है
"मैंने अपनी सारी जिन्दगी इन सभाओं में ही निकाल दी"

कांस्य का शीशा

मैं इसे पसंद करता हूँ,
इसलिए यह मेरे अध्ययन कक्ष में आया,
मार्क्स के दास कैपिटल के बाजू में,
क्या यह फर्क पड़ता है की यह महान टेन या किन के समय से आए,
क्या यह अतीत से है,
जब दिन की रोशनी कम होती है,
और रात होती है,
दास कैपिटल अपनी अतीत की यादों में चला जाता है,
कांस्य का शीशा संगीत के सुरों में बदल जाता है,
मेरे काले और सफेद रंग के कीबोर्ड में बजने लगता है,
और ऑक्सीजन हवा में है,
राजा और रानी के बीच,
कई उपपत्नियाँ और सुन्दर स्त्रियाँ इधर–उधर घूमते हुए,
एक कांस्य की आवाज,
ऐसा कहते हैं यह अतीत की गवाह नदियाँ, पहाड़ और यह चाँद :
यह झूठ बोल रहे हैं।

एक वेश्या

सारे सुख रेशम में ढके हुए,
सारे दुःख रेशम में ढके हुए,
एक ऐसा शरीर – बदनाम और
ढका हुआ रेशम में,
–बदनाम होने का अनुभव लेते हुए।

फिफिस्ट का चूहा

यह घबराने लगा,
बिस्तर के बीचों–बीच,
यह अकेले पूरे बिस्तर को पार करता है,
एक सभ्य इंसान की तरह चलते हुए,
फिर छलांग मारकर,
मेरी परछाई से होता हुआ अँधेरे में चला जाता है,
मैं भी उसके साथ कुछ देर तक चलता हूँ,
एक बिल्ली की तरह।

---

* फीफी (का मतलब है "नहीं नहीं") एक काव्य अन्दोलन है। यह एक संस्कृतिक और साहित्यिक आन्दोलन है, जिसकी शुरुआत सिचुआन में 1985 में हुई थी। इस युग के प्रसिद्ध कवि हैं झो लुनयो, लान मा, यांग ली, और ही सिओजु।

डायरी

एक अनाथालय की यात्रा,
बसंत मौसम का चाँद,
एक ली पो की कविता,
बच्चों के लिए चमकीले कपड़े,
इनके छोटे–छोटे हाथ स्वागत करते हुए,
सब कुछ तैयार है,
कैमरा और प्रसारण ...
निर्देशक की नम्र मुस्कान,
ऑफिस में पड़ी सोने की परत वाली ट्रॉफियाँ,
कुमुदनी का फूल भी खिलते हुए,
एक नया नारा,
साफ और तेज आवाज में अनाथालय में गाना,
फिर भी मेरा दिल इतना सूना है,
वापिस घर में आता हूँ,
और चिल्ला के बुलाता हूँ : माँ।

चीनी मिटटी पर बने उत्तरी गाने

मैं एक कवि को याद करता हूँ
जो चीनी मिटटी के बने बर्तनों के बारे में लिखता है,
मैं फिर समझने की कोशिश करता हूँ – उत्तमता और शिल्पकारिता,
चीनी मिटटी के बर्तनों की उत्तमता ने हमें त्रुटिपूर्ण बनाया है,
एक महान पवित्र कविता हमें भी उतना साधारण बनाती है

एक इंटरव्यू डायरी का एक क्षंद

एक प्यासा शांक्सी ओपेरा,
एक प्यासी खेतीबाड़ी,
पानी ने तो बरसों से घाटी में बहना बंद कर दिया है,
उत्तर पश्चिम हवाएँ नदी के ताल से राख को बहाकर ले जाते हुए,
पहाड़ों की ढलान के आस–पास कोई दरवाजा खोलता है,
हमें बताता है एक मठ के अनदेखे अतीत के बारे में,
मैं एक सिगरेट जलाता हूँ,
इसकी गंध फैलते हुए,
मुझे माफ करो,
मुझे भगवान इतिहास की परवाह नहीं,
मुझे मनुष्य के आज की परवाह है,
और उसके कल की,
चिमनी से निकलता धुआँ,
पक्षियों का पुकारना,
पहाड़ के ढलान पर,
बच्चे खेल के मैदान में,

एक दूसरे से आगे बढ़ते हुए,
तेजी की कामना करते हुए,
सूरज की रोशनी की कामना करते हुए,
और बारिश और ओंस की कामना करते हुए,
बढ़ने के लिए।

लोगों का चौराहा

मुझे घास के मैदान पर पड़ी यह छोटी चप्पलें बहुत प्यारी लगी,
छोटे पैर बसंत के मौसम में बाहर निकलते हुए,
और उनकी जवान मुस्कुराती माताएँ,
फूली हुई और रसदार,
बादलों से भी हलकी,
कितनी खुश हैं,
फिर से मुस्कुराते हुए,
हे भगवान ! कैसे इंसान इस धूप में रहते हैं
और अपना वंश बढ़ाते हैं,
मुझे यह बहुत अद्भुत लगता है...
—माताएँ और बच्चें,
इनके बिना यह चौराहा अधूरा है।

महिला दिवस

किसी सभा में क्या सुनाई देता होगा ?
महिला दिवस,
महिलाएँ मुस्कुराती हुई,
और एक–दूसरे से बतियाती हुई,
वैलेंटाइन डे अभी खत्म हुआ है,
तेज धूप, किसी भी मीठी सुगंध को भाप बनाने वाली,
अब आ रही है,
धुंधली और धुंधली होती हुई,
महिलाओं की मुस्कुराहटें,
सूरज की रोशनी कम होती हुए,
फिर मूसलाधार बारिश लगते हुए,
झंडे अभी भी लहराते हुए,
फसल काटने के बाद,
सूरजमुखी के फूल किसी खम्बे की तरह खड़े हुए है,
वे कोई चित्र है सम्मलेन में,
जैसे कोई विचारक हो बिना अपने सर के,
एक क्षण,
बारिश रुकी,
और महिलाओं ने ताली बजाई।

अमल

कुछ मुहावरे तो कई लोगों के भाग्य के लिए लागू होने चाहिए,
इन लोगों से मिलने पर ही यह शब्द सच हो सकते हैं,
जो की मानवता भूल चुकी है,
अपने लम्बे इतिहास के साथ ......

पहाड़ों की उतराई और चढ़ाई

प्यासे खेत,
छोटे गेहूँ के अंकुर,
पहाड़ों की उतराई पर और चढ़ाई पर,
मायूसी,
ढूंढ के मौसम में,
एक बूढ़ा आदमी दीवार के सहारे नीचे झुकता है,
और आहें भरता है,
एक औरत एक स्थानीय सरकारी इमारत की ओर इशारा करती है,
अपने फटे कपड़ों को अपने हाथों से ढक कर,
उसके पीछे उसका बीमार बच्चा है,
बेवकूफ और शैतान,
–हमारी कविताएँ इस जगह की दुर्गति को बेनकाब करने में शर्मा क्यूँ जाती है ?

तकनीक

कितनी सुन्दर है,
यह सम्पादित कविता,
मैं एक सिगरेट जलाता हूँ,
इतना अच्छा पढ़ने और लिखने के बाद,
मैं धीरे–धीरे एक सिगरेट जलाता हूँ,
मुझे इस बड़ी चर्बी से छुटकारा पाना होगा,
एक स्वाभिमानी देह,
यह दुगुनी होती हुई ठुड्डी,
–जैसे इंसानी शरीर की सुन्दरता हो,
मुझे संयम की ताकत को समझना होगा !
–क्या यह सिर्फ तकनीकी है ?
फिर भी यह आसान नहीं है।

नए साल की पहली कविता

मैं नए साल की एक अच्छी कविता लिखना चाहता हूँ,
यह एक गली है,
और चौराहा है,
किसी गौथिक कैथेड्रल के घंटी बजने की आवाज नहीं,
बल्कि उसके अन्दर की पाप–स्वीकृति है,
पूरा मंच नहीं,
सिर्फ पंजा, एक विलम्ब
या फिर हलचल,
यह जगह कैसे झूठ की हो सकती है,
पर सच की नहीं,
यह भूखी है,
यह किसी एक इंसान को उसकी आत्मा के साथ डकार लेती है,
और सिर्फ शरीर ही छोड़ती है,
मैं इसकी निंदा करता हूँ,
इसमें क्रूरता और निर्दयता है,
मेरे बैठने के तरीके की तरह,
एक सोखने वाली छाननी ......

खुशी

अगर कोई पेड़ अचानक से अपना मुँह खोले,
तो वो कहेगा,
एक कवि की खुशी,
कागज पर होती है,
एक कवि,
बसंत के मौसम को देखता है,
और अपने हाथों को देखता है,
एक कविता –
मुझे उन हाथों से लगाव है जो अंधों की तरफ बढ़ते हैं,
उनके हाथों को रास्ता दिखाते हैं,
अपने शरीर को झुकाकर,
अंधे बच्चों का समूह और उनके खाली थैले,
इनके कंधे एक–दूसरे का सहारे लेते हुए,
समय–समय पर अपशब्द भी,
इनकी आवाज में द्वेष भी दीखता हुआ,
एक कवि की खुशी,
कागज पर होती है,
लेकिन फिर भी यह कागज पर नहीं होती।

कम्पन

किसी इमारत के निर्माण कार्यों से आती आवाजों में,
पूरी इमारत के शीशें भी हिलते हुए,
किसी ने कहा विनाश,
पक्षी के इतने सारे पंख गिर जाते हैं,
इतना सारा पसीना तो मैंने भी बहा दिया,
निर्माण कार्यों से आती आवाजें,
चीखों की और प्रहार की,
जैसे किसी ने चेतावनी देने के लिए सीटी बजाई हो,
सारी रात,
मैं खुद को सपने में देखता हूँ,
जैसे मैं एक कील हूँ, जिससे रोशनी टकराती हुई,
पर मैं यह नहीं जानता,
मैं कहाँ लगूँ।

बातचीत के लिए कक्ष

एक संपत्ति का मालिक धूम्रपान कर रहा है,
चाय पी रहा है, लाइटर से खेल रहा है,
जब वह खांसता है तो अपने घूंटों को छूता है,
जैसे एक बारी झुका था जब बाजार में मंदी आ गयी थी,
वह फिर इस बात पर जोर देता हैः पुरानी यादों को भूल जाओ,
हमारे आलोचक आलोचना कर रहे हैं,
एक पक्षीः
घास से एक इमारत तक अपनी उड़ान के दौरान,
यह अपनी मुद्रा को पूरी तरह बदल देता है,
इसका चहचहाना संदेहपूर्ण है,
बचकर,
वह मेरे पसंदीदा कवि को बुलाते हैं,
कवियित्री,
मुझे इसका मतलब बताने को बोला है,
मुझे एक बार लोगों के बीच आना होगा,
मेरे चेहरे के साथ,

मेरे पुराना शरीर नए कपड़ों में,
एक सब्जियाँ उगाने वाला किसान,
इस कीटनाशक के युग का,
अपनी भावनाओं को व्यक्त करने में बहुत मेहनत कर रहा है,
तुमसे प्यार में पड़ने पर ....
वह भाषा के दलदल में डूब जाता है,
हर प्रयास,
उसके और गहरे दुःख को व्यक्त करता है,
आखिरकार सब्जियों का किसान,
इंटरनेट पर विज्ञापन निकालता है :
कोई नयी भाषा किसी पालक की गठरी से बढ़कर नहीं है,
वह अपने कलम को हिलाता रहता है,
वह हेंस क्रिस्चन एंडरसन है
बर्फ गिर चुकी है,
कोई चमत्कार नहीं दिखा,
एक माचिस की तीली ने सब राख में बदल दिया है,
नए साल की घंटियाँ बजने से पहले,
मैंने उसकी रोती जुबान को,
मेरे मखमली शब्दों को छूने दिया।

अनाथालय

मेरी आँखों के सामने कई नारे हैं,
गुब्बारों में कई त्यौहार,
ओ धरती माता, दीवार पर लटकी हुई,
मूक बच्चे सीड़ियों पर खड़े हैं,
नारें दीवारों पर लिख रहे हैं,
वह दीवारों पर लिख रहे हैं,
अपने अनाथालय की शोभा बढ़ाने के लिए और इसके भविष्य के लिए,
बच्चों की मूकता और बढ़ती जाती है,
जब तक वह आसमान के खालीपन को न छू ले,
इस दुनिया में,
और कुछ नहीं,
अनाथ बच्चों के चेहरे ही एक जैसे लगते हैं।

रजत युग

मैंने इस युग के छंदों को पढ़ा,
जाना इस युग में कवि होना कैसा होता था,
गिरफ्तारी, मृत्युदंड, कंसंट्रेशन कैंप,
बर्फ की बनी पोशाकें,
वे लोग,
समय का ही एक हिस्सा थे,
रूस,
अंतिम संस्कार का दुःख,
मृत्यु की दुखभरी जिन्दगी,
पर अन्धकार से चमकते तारे भी प्रकट होते हैं,
वो गोपनीय महान नाम,
एक युग को बनाते हैं –जो किसी कविता से कम है।

IV

पश्चिमी

सिर्फ रूसी जैतून के फूल ही मुझे पहचानते हैं,
सिर्फ बिजूखा ही मुझे किसी पक्षी की तरह देखते हैं,
या किसी तितली की तरह,
मैं फिर से देखता हूँ ऐस्पन के वृक्ष हवा से लहराते हुए,
सूरज की रोशनी,
मेरे से कई कवियों की चर्चा करना चाहती है,
जब मैं अनुपयोगिता और गरीबी को छोड़ता हूँ,
मैं अपनी प्रतिष्ठा को भी छोड़ देता हूँ,
जमीन पर बर्फ पानी में बदलते हुए,
अगर स्वर्ग कुछ महसूस कर सकता!
पश्चिमी,
मैं तुम्हे ही जीवन मानता हूँ
तुम्हारी इस विरलता और तन्हाई ने मुझे मोह लिया है,
एक मृगतृष्णा,

सिर्फ तुम,
जब मैं एक और अनाथ को इस जहाँ में छोड़ूँगा,
सिर्फ ऊँट, घास और रेगिस्तान के आशीर्वाद के साथ,
कुछ बदल ही पश्चिमी दिशा की ओर जाते हुए,
पश्चिम की ओर।

यनन की शाम

यनन की शाम में,
हमने किसी कविता की बात नहीं करी,
ना ही हमने अपने दुखों की बात करी रात को,
दो औरतें,
हममें से कोई भी माँ नहीं है,
हमने बात करी,
तारों से भरे आसमान की,
कवी केंट की,
मदर टेरेसा की, और हृदयरोग विज्ञान की,
बात करी नास्तिकों की, अंधविश्वास के आखिरी सालों की,
कुछ चीजों की खूबसूरती उनकी छाया में है,
इसे एक और नजरिए से देखो
बचपन हमें पूर्ण बनाता है।

कविताओं से बढ़कर

सूरज गाय के गोबर के धब्बे की तरह है,
मटन खाते, बकरी का सर चबाते कवि,
उठ कर खड़े होते हैं शपथ के लिए
जो है अगले जन्म में घास बनना,
मैं बनना चाहता हूँ,
फूल की पत्ती या कोई ओंस,
या फूलों का काँटा ?
यह आसमान जानता है किस बादल में पानी है ?
तुम जानते हो ?
याक या डोल्मा ?
उस बढ़ई का क्या जिसका नाम भगवान है?
यकीनन कुछ तो होना बाकी है किसी के भाग्य में ?
दक्सिया की नदी,
मैं इससे अपने दिल को निकालता हूँ,
और इसे साफ करता हूँ,
समय अनंत है,

नदी के किनारे,
रोमांस के आँसू,
एक एहसास किसी भी पल गिरने का,
किसी कविता से बढ़कर
तियांझु की घास जलने का धुआँ चिमनी से निकलता हुआ।

हवा में चिनार के पेड़

मुझे एक भले इंसान की याद आती है,
जिसमें अध्यात्मिक शक्ति है और चमक है,
इंसान जो अपनी तड़पती छाया के आगे भी झुकती है,
–वो जिसे मैं प्यार करता हूँ,
यह कितने सामान हैं,
इसलिए एक ही है,
बिना किसी फर्क के।

समुद्र को देखना

यह एक सिगुल है,
इसके पंख हवा से टकराते हुए,
एक कपड़ा हवा में लहराते हुए –
एक अंदरूनी दुनिया को उजागर करता हुआ,
और एक अद्भुत युग को,
हमारे जन्मस्थान के तट के किनारे,
हम अतीत की बातें करते हैं,
हमारी पीढ़ी के भविष्य की बातें करते हैं,
मुझे हैरानी में देखकर मेरा हाथ फिर से पकड़ते हैं,
1996 की एक दोपहर को,
–जो अब नहीं होता,
वो दोबारा कभी नहीं होगा,
खुला आसमान है,
उसके नीचे समुद्र,
आकाश में गरजती दिव्य बिजली,
यह समुद्र सूरज के जन्म को प्रकट करता है,
इसकी अत्यधिक चमक,
आसमान में फैली हुई है,
इसको मैं नीचे से देख रहा हूँ।

चर्च के ऊपर गिरती बर्फ

मेरे ब्यूरो पहुँचने से पहले,
मैं सर उठाकर देखता हूँ,
एक चर्च,
एक प्राचीन चर्च,
मैं इस ब्यूरो के नीचे सारा दिन बैठ सकता हूँ,
लोगों को खेल मनोरंजन के बारे में बता सकता हूँ,
उन्हें बताता हूँ,
कहाँ मनोरंजन ज्यादा है,
कहाँ ज्यादा रोमांचक है,
ज्यादा इक्कीसवीं शताब्दी का है,
कभी–कभी लोगों के लिए,
छोटे कागज में बताये जाते है,
नए तरीके पुरानी चीजों से खेलने के,
कभी कभी मैं अपना सर उठाकर देखता हूँ,
इस गिरती बर्फ में चर्च को,
इसकी ऊँचाई को,
यह स्वर्ग से कोई ज्यादा खबर नहीं लाता,
सबसे ऊपर सिर्फ एक बिंदु।

रात को लौटना

तुम अपने साथ राजनीति की बातें लाये,
और एक शरीर पसीने से भरा,
सिगरेट मुँह में हिलाते हुए,
तुम अपने साथ अँधेरा लाये हो,
खाली गलियाँ,
कबूतर का नींद में बोलना कभी कभी क्षण भर के विवरण भी,
पूरी चीज को व्यक्त करते हैं,
बारिश में गीली हवाएँ,
गीली माचिस की तीलियाँ,
तुम लाते हो मानवता की चाहत प्रेम की,
तुम अपना शरीर लाते हो...
इतना थका हुआ,
उसके बिस्तर पर पड़ा हुआ।

किंघाई किंघाई

यह आसमान है,
और यह अभी भी नीला है,
चील,
आसपास उड़ते हुए,
फूल खिले हुए–
तिब्बती मैदानों में लहराता सोना,
बुद्ध की रोशनी का स्वाद,
यहाँ कुछ यादें अभी भी है–
ओ चमकते चन्द्रमा तुम कब आओगे,
तुम और मैं,
ऑक्सीजन की कमी,
हमारे आस–पास सोने के बिस्तर,
तुम एक सलेम की सिगरेट देते हो,
इतिहास इससे ज्यादा काल्पनिक नहीं हो सकती,
मैं तुम्हे एक सिगार देता हूँ,

यह बीता हुआ समय वापिस नहीं आयेगा,
एक सदी बाद,
जीवन का मतलब भी वही पर है –
अगर जीवन का कोई मतलब है।

कहीं

हमेशा की तरह मैं कहीं पहुँचती हूँ,
स्पा में जाती हूँ,
मछलियाँ और झींगे खाती हूँ,
समुद्र किनारे टहलती हूँ,
और पुरानी किताबें पढती हूँ,
खुले मैदान में हिलने वाली कुर्सियों पर बैठकर,
बसंत के मौसम का यह पानी,
इस विशाल आसमान से ताल मिलाता हुआ,
मेरे सामने पहाड़ों का दृश्य है,
जॉर्जिया की लाल पहाड़ी,
सपना जो मार्टिन लुदर किंग ने देखा था,
जहाँ अतीत के गुलामों के बच्चे,
अपने मालिकों के बच्चों के साथ बैठते हैं,
इस भाईचारे का आनंद लेते हुए...
शानदार धूप खिली है,
यह मुझे शांत करती है,

सारा दिन,
मैंने अपने आप को एक स्त्री के जैसे,
इससे पहले कभी महसूस नहीं करा,
जैसे एक सुहावने युग में खोते हुए –
जैसे कोई जो अँधेरे में था,
रोशनी में आकर सदृढ़ बनता है।

पश्चिमी जिया राजवंश के शाही मकबरे

शाम के समय एक मकबरे से ज्यादा विशाल और कुछ नहीं लगता,
समय ने इस पर कई फूल भी लगा दिए हैं,
पश्चिमी राजवंश से दूर,
मेरे आँखों के सामने है हेलेन पहाड़ी,
जब कोई राजा किसी दूसरे राजा की जगह लेता है,
तो क्या नदियाँ और पहाड़ भी बदलते हैं ?
वह एक समाधि–स्तंभ है, और पत्थर,
गिरती पत्तियाँ और बसंत की हवाएँ,
एक राजवंश और मुठ्ठी भर पीली जमीन,
किसी जियाओ की तरह नहीं,
बल्कि एक क्सुं की तरह,
इस कब्रिस्तान के रखवाले की धीमी आवाज
इस साल कोई देवदार या सरो का पेड़ नहीं उगा,
गुलाबी और सफेद रंग के पेओनी के पौधे लगायें है।

---

* जियाओ एक चीनी बांस की बनी बांसुरी है।

** क्सुं एक प्राचीन चीनी बर्तनों की बनी बांसुरी है।

सिओल, सुबह का वक्त

इतनी जल्दी,
एक नीलकंठ पक्षी चर्च के क्रॉस के निशान के ऊपर बैठा है,
मैं रूकता हूँ,
सुबह का सूरज बादलों के बीच लहरा रहा है,
एक नीलकंठ पक्षी,
क्रॉस के निशान के ऊपर,
शान्ति से बैठा है अपना मुख बंद कर कर,
–इससे ज्यादा अच्छी खबर हम इंसानों के लिए क्या हो सकती है?
और मैं शपथ लेती हूँ – मैं अपनी बची हुई जिन्दगी को चाहूँगी,
जैसे सोल्झेनित्सिन के चेहरे को चाहती हूँ।

गाँव

खेतों में,
जहाँ चीलें चूजों को पकड़ती हैं,
चिड़ियों का झुंड बिजुका की आँख पर बैठा है,
धूप में बारिश हो रही है,
एक औरत फटे कपड़ों में,
एक चींटी उसके शरीर पर बैठी सपने देखती हुई,
गेंहू के नोकीले बालों की आवाजें,
एक सुस्ती भरा गीत,
चिमनी का धुआँ,
एक लड़की जिसकी पीठ पर एक चित्र लटका हुआ,
अकेले खड़ी है :
एक वैन गोग सूरजमुखी की परछाई में।

बुद्ध रोशनी की रात

अगर मैंने तुम्हारा सपना नहीं देखा होता,
तो मैं कभी किसी का सपना न देखता,
बुद्ध रोशनी की रात,
देवी–देवता बीज बो रहे हैं,
मुझे मेरी सारी कमियों ने पूर्ण कर दिया है ...
और वो,
टूटे हुए ...
अमिताभ – कौन सा फूल दया का फूल है,
अमिताभ – कौन मनुष्य कवि है।

कंबुला

कंबुला,
वो तो इस उम्मीद में थे कोई कविता मिलेगी,
और अनंतता,
मुझे एक भेड़िये को देखना था,
डराता, दौड़ता, गरजता,
डूबते सूरज से टकराता,
बंजर जमीनों और बिखरी घास के अलावा,
कंबुला,
मैंने और कुछ नहीं देखा,
और एक पेड़ के नीचे सो गया,
कितना शांत पेड़ था,
कंबुला,
इस साफ आसमान के नीचे,
कुछ बर्फीली पहाड़ियाँ हैं,
उनके ऊपर चीलें उड़ती हुई,
जबकि मैं खुद को इतने नशे के बाद शांत करता हुआ,
बीच –बीच में सोता हुआ भी,
मैं कुछ देर ही सोता हूँ,
कंबुला।

सपने में

एक सपने में,
कई आत्महत्या करने वाले कवि,
किसी दूसरी दुनिया की कविता पढ़ते हैं,
उनकी कविता में मृत्यु है,
खामोशियाँ है, कई आवाजें है,
चील और मछलियाँ नाच रही हैं,
अखमातोव भी दिख रही है
नहीं मुझसे दूर रहो,
एक औरत इतनी तनहा कैसे हो सकती है –
एक कवियत्री इतनी तनहा !
सपने में मैं इन सबको देखता हूँ –
वे सारे कवि जिन्होंने एक–एक करके आत्महत्या कर ली थी,
इनकी मुस्कराहट किसी पहेली के सुलझने की तरह है,
–मृत्यु का भी चेहरा होता है और मतलब भी।

यहाँ की हवा वहाँ की हवा से अलग है

यहाँ की हवा वहाँ की हवा से अलग है,
यह अँधेरी रात नहीं जानती,
मुझे कितने चिरागों की जरुरत होती है एक रात में,
जैसे मैं दो सोचों में हूँ,
मैं खुद को गाजर से दूर करती हूँ,
और गोभी से भी,
सपनों से भी,
और हकीकत से भी,
किसी भी समय सारे विचार छोड़ते हुए,
कितनी देर तक यह सफेद गोलियां मुझे शांत कर सकती है ?
कुछ साफ शब्द,
मेरी आत्मा को लालच देते हुए,
किसी संकेत की तरह,
यह कक्षा,
मुझे हर दिन आगे बढ़ाती है।

बसंत

मधुमक्खियाँ अपने पंखों को फड़फड़ाकर दूर तक जाती हैं,
मुझे इनका भिनभिनाना पसंद है,
प्रार्थना के अन्दर एक और प्रार्थना,
कांपती ओस की बूँद,
पहली तितली उड़ती हुई,
आड़ू के पके फल इसे पसंद हैं,
पूरी सर्दियों में उड़ता एक पक्षी,
इस तपती धूप में आकर खड़ा होता है,
इसके पंख तो सूख गये हैं,
पर इसका शरीर अभी भी गीला है,
सूख गयी पीली पत्तियाँ,
इस बसंत के राग से बचती हुई,
इस धरती से,
ऊपर आसमान को अपना आशीर्वाद भेजती हुई।

पुद्दले

इन सब लोगों से अलग,
मुझे यह हमारा अनपेक्षित भाग्य पसंद आया,
अगर अभी बारिश रुक जाये,
तो इन लोहे की छतों से फिर भी पानी टपकता रहे,
–फिर यह सारे लोग निकल जायें,
छतरी ठीक करनेवाले,
चाकू तेज करनेवाले,
फूलों की कढ़ाई करने वाले,
–साधारण लोग,
एक–दूसरे की संगत में खुश,
बारिश और तेज होते हुए,
बहते पानी के साथ कुछ फूल भी हैं,
अगर बारिश अभी रुक जाये,
तो हम शायद इस पानी से भरे गड्डे के आसपास घेरा बनाएँ,
यह बारिश के पानी से भरा गड्डा,
पहली झलक में ही पता चलता है,
कितना दूर है मेरा दिल इन सबसे।

फिर

फिर मैंने खूब शराब पी,
तुम्हे गुर्बंतुन्गुत रेगिस्तान में,
रात के समय देखा था,
एक सच्चाई या मदहोशी के साथ,
मैं बार–बार दोहराता रहता हूँ
मैं तुम्हारे लिए एक वीगर लड़की चुराना चाहता हूँ
जो तुम्हारे लिए नाचे और भीड़ लगाये,
मुसालैसी,
मुसालैसी तुम्हारी शराब,
एक क्षण तो मैं जीवन का मतलब देखता हूँ...
मेरे अन्दर मेरा एक दूसरा रूप देखता हूँ,
बुढ़ापे की शांति,
मैं उससे कहती हूँ
मुझे तुम्हारे पीने की क्षमता पता है जब तुम जवान थी,
मुझे पता है यह दुःख तुम्हारे दुःख के जैसा है,

मैं उससे कहती हूँ,
विशाल शिन्ज्याहंग,
मैं अपने लिए एक बड़ी आँखों वाली लड़की चुराना चाहती हूँ,
जो अपनी दो चोटियों को कंघी कर सके

---

* मुसालैसी एक शिन्ज्याहंग की शराब है।

अखबार के दफ्तर से बाहर निकलते हुए

मैं ऐसे लोगों से होकर गुजरता हूँ,
जो बड़ी बैचेनी से दो टूक घूरते हैं,
मैं एक हस्पताल से होकर गुजरता हूँ – न्यूरोलॉजी,
यह चर्च की ओर थोड़ा झुका हुआ और
इसके दरवाजे बंद हैं,
क्या चर्च में भगवान अभी भी हैं ?
इसी मधुशाला में,
मेरा पसंदीदा गायक है –मैं उसे गले लगाना चाहती हूँ,
एक जमाने में इसे कहा जाता था,
एक दूसरे के करीब,
अब इसे कहा जाता है,
भूल जाओ एक दूसरे को,
–मैं भी खुद की एक कविता उसे देती हूँ,
यह चौराहा जो मेरे सामने,
इतना खाली है,
जब रात होती है,

तो पिछली सदी के यह मूर्तियाँ,
जोर से खांसती हैं,
इसकी लम्बी पोशाक का बटन,
कई बार खांसते हुए छूटा है,
और इसे अब तक तीन बार बदला गया है ...
इस बर्फीली हवा में पक्षी कैसे उड़ते हैं,
मेरे सामने गिर रहे हैं,
अपने सौम्य कदम लेते हुए,
मेरे साथ कुछ देर तक चलते हैं,
–क्या यह सब कुछ मेरे आस–पास से होकर गुजर रहा है,
या मेरी जिन्दगी धीरे–धीरे बीत रही है,
गली के लैंप की रोशनी में दो परछाई बनाते हुए,
यह एक–दूसरे को कसकर गले लगा रहे हैं।

मंदिर

और मैं रहती हूँ,
इस देर से होती शाम में,
चिड़ियाएँ जा चुकी हैं,
इस मंदिर,
इसका छोटापन और पुरात्नता,
जैसे पूर्ण चाँद की पिछली जिन्दगी हो,
इसकी स्थिरता और खालीपन,
एक नहीं, दो नहीं।

ठण्ड की सुबह

गिराफ को घूरने के कारण,
मेरे में एक लालसा जागी है,
इससे जिंदगी की बात करने की,
ठण्ड की एक सुबह,
मैं शायद प्रेम की बोली बोलती हूँ,
पर अब यह इतना महत्वपूर्ण नहीं है,
चले आओ – हिरणों, कंगारुओं, आरंगुटान,
चले आओ – दरियाई घोड़ों, बनबिलावों, जंगली चूहों,
और हाथी की सूंड पर बैठे गुबरैलों,
मैं तुम सबके साथ मिलकर,
दुनिया का अपवित्र बोझ हल्का करना चाहती हूँ,
और मैं तुमसे क्षमा भी चाहती हूँ
इसका तात्पर्य मेरे बार–बार उपेक्षा करने से है,
मेरी कामुक इच्छाओं का, इनके साथ मेरी नाम की अध्यात्मिक भावनाओं का–
मेरे इस शिक्षित शरीर का,

मेरे बार–बार अधिमूल्यांकन करना,

हम सबके स्वभाव का,

मानवता,

सिर्फ इस रोमांच से हमारा अकेलापन दूर नहीं हो सकता,

हाँ एक कविता बनायीं जा सकती है चिड़ियाघर में।

शिंगजियांग

देखने से लेकर,
देखते रहने तक ....
छूने से लेकर छूने तक ....
सुनने तक ....
– विशाल शिंगजियांग,
मैंने तुम्हारे बारे में पहले कुछ क्यों नहीं लिखा ?

तिब्बत से लौटते दोस्त

तिब्बत से लौटते दोस्त,
हमेशा वहाँ के नीले आसमान और बर्फ की बातें करते हैं,
आत्मा की बातें करते हैं,
जैसे साहित्य के कुछ सूत्र काफी हों,
मठ, बड़े और छोटे,
जैसे एक लैंप काफी हो,
पुराने लामा, नए लामा,
इनके सफेद दांत,
जैसे एक कटोरा पवित्र जल का काफी हो,
गाय देवता,
बकरी देवता,
केसरी फूलों के देवता,
चीलें इनके लिए ऊँची उड़ान भरते हुए,
—ॐ मणि पद्मे हम,
काफी होगा।

बहती

वह किसी सांसारिक जीवन की नहीं है,
बल्कि कुन ओपेरा की है, रेशम की है,
अपनी सुन्दरता और अच्छे दिनों के बावजूद भी,
वह इन सभी का आनंद लेने के पक्ष में नहीं है,
दो टूक देखती,
कोई बारिश की बूंदों को घूर रहा है,
किसी फूलों की दुकान में मैगनोलिया फूल की कढ़ाई करती,
कढ़ाई पानी सबसे बड़ा सदगुण है,
उसकी सुन्दरता, बीस प्रतिशत बढ़ गयी है,
जियांग्नन,
शाम के वक्त, एक पुरानी लकड़ी की खिड़की के बाहर,
भीगी हुई,
वह गुनगुनाती है जैसे किसी की आह में हो
मैं तुम्हे पटाखे देती हूँ,
और उसे एक त्यौहार,
पर ऐसा कुछ भी नहीं होगा,
उसकी सुन्दरता बीस प्रतिशत बढ़ गयी है

हटाना

धरती अभिवादन को हटाती है,
जैसे काल्पनिक परियों की कहानी से बर्फ को हटा दिया हो,
सेंट सोफिया कैथेड्रल में,
यह कौन प्रेम के लिए प्रार्थना कर रहा है,
लेकिन साथ ही अनंतता को हटा रहा है,
कौन सच के लिए प्रार्थना कर रहा है,
लेकिन ही कपटी स्वर्णीय बिगुलों को भी हटा रहा है...
यह मायूस बच्चा भगवान के सामने तेजी से पढ़ता हुआ
आह...
आप सब,
मानव–जाति,
ओ हाँ ...हम मानव–जाति के !
धूप के चश्मों में मैं अपनी आंखें बंद कर लेती हूँ,
तुम अपना मुँह बंद कर लो,
दिसम्बर में हार्बिन शहर,

सफेद रंग सब जगह फैला हुआ,
यह भावुक वचन,
किसी चमत्कारी रोशनी या उसकी कोई पैगम्बरी भविष्यवाणी,
की ओर नहीं ले जाते।

क्षंद मैदान

1

शोतोन त्यौहार। धूप को सेकने के लिए, बुद्ध साल के एक बारी बाहर निकलते हुए। तिरछी नजर से देखते हुए। बुद्ध को कैसा महसूस होता होगा ? बेशक हम नहीं जानते।

2

मैदान में तीन पेड़ हैं। पहले और दूसरे के बीच यंगचौन और ताशी जितनी दूरी है। तीसरे और हमारे बीच इतनी दूरी है जितनी मुझे चाहिए किसी को दुलारने के लिए।

3

लान्गमु मठ,
नंगे पैर चलने वाले रास्ते लान्गमु मठ के,
मेर एक जूता सिचुआन की बारिश में गीला हो गया,
और दूसरा गांसु की मिटटी में फंस गया,
उड़ते पक्षी,
मेरी बायीं ओर एक घंटे से उड़ रहे हैं,
और दायीं ओर साठ मिनट से,
इन दो मैदानों को जोड़ती नदी में,

मछलियाँ भी तिब्बती बोलती हैं,
और तीर्थयात्रा पर है।

4

कवि। फूल और भावनाएँ
जिनको शब्दों में बयान नहीं कर सकते,
हमारे दिलों को छू लेते हैं,
कवि। तुमने कुछ भी नहीं देखा,
मकसू के घास के मैदान,
का एक बाज सपने देख रहा है।

5

छोटी डोलमा। मैं तुम्हे एक छोटी कंघी देती हूँ,
एक नेल कटर, एक छोटा शीशा जिससे सूरज की रोशनी टकराती है,
और तुम्हे जिसकी मुस्कान गल्सांग फूल जैसी है,
– कितना अद्‌भुत !

6

गहाई। तुम कितनी नाजुक हो,
यह पंख और ओंस की बूँदें,
तुम्हारे मंदिर पर पड़ती हुई,
जैसे कोई हरी पोषक हो,
सफेद धारियों वाली,
तुम मानवता और भगवान के बारे में सोचती हो,
गहाई।

7

एक बड़ी अद्‌भुत घास किसी असाधारण चीज की तलाश में,
आगे बढ़ते हुए,
पानी की बौछार रुक गयी है,
एक टिड्डा सामने आता है,
एक टांग वाला टिड्डा,
इस बसंत में इतनी जोर से लात मारता है,
लोग कहते कि मुझे जिन्दगी की इन सच्चाइयों से दूर ही रहना चाहिए।

चांग'अन को चलना

तेरह मुठ्ठियाँ पीली मिटटी की,
इस झंकार में,
एक गीत जिसका नाम है,
अनंत सोचों का एक गीत,
हवा मेरे बालों को हिलाती हुई,
जोकि सफेद हो गये हैं,
न चाहते हुए 2008 में,
यहीं कारण मेरे लिखना छोड़ने का !
भगवान का मनुष्य से प्यार और क्षमा करने का भाव ...
मैं जानती हूँ,
पर फिर भी कुछ नहीं बोलूँगी।
पर एक बात बोलूँगी,
तुम कैसे हो ?
दो हाथ एकार्डियन बजाते हुए और एक सम्मिलन,
मेरी प्रार्थना काम करते हुए !
एक रास्ता एकांत का,
बीच में काफी खुली जगह,
हर राज–घराने से,
रखेलों के दुःख और आहें।

पूजास्थल

एक पूजास्थल एकांत में,
एक बिना भगवान के पूजास्थल,
पीपल्स कम्यून की लम्बी उम्र की कामना करने वाला पूजास्थल,
भेड़ों की लीद, और हरी लोमड़ी की पूँछ,
और कुकरौंधा का पौधा,
प्रार्थना के लिए झुकता हुआ
ए हवा,
मुझे जीवन दो बीजों के अंकुरित होने तक,
मुझे अगले साल का भी जीवन दो ...

सिल्क रोड में बसंत

पहले, पीली मिटटी और काली हवा,
आसमान को नीचे करते हुए,
पतली हरी पत्तियाँ एक दूसरे पर गिरते हुए,
ध्यान से देखो,
यह घास रास्ता बनाती हुई,
यहाँ के लोग भी प्रेम की बातें करते हैं,
बसंत के मौसम में,
एक दूसरे को प्यार की बोली बोलते हैं,
बूढ़े शरीर मृत्यु की बात करते हैं,
इस बसंत को रेशम पर लिख रहे हैं,
उड़ती पतंगें,
हमारे बच्चे पंजों पर खड़े हैं,
कम ऊँचाई पर उड़ती चिड़ियाओं और अबाबील पक्षियों,
को छूने के लिए,
बच्चे रबड़ का इस्तेमाल करते हैं,
मिटाने के लिए,
पीली मिटटी और काली हवा,
बच्चों की किताबों में।

किंघाई

एक आंधी के बाद,
खाली आसमान,
किंघाइ,
बुद्ध की एक पवित्र जगह है,
कुमबूम मठ इस हवा में,
इसकी अद्‌भुत मूर्तियाँ,
यहाँ फूल फूल नहीं हैं,
पहले फूल का क्या नाम है,
आखिरी फूल का नाम है बुद्ध की रोशनी,
यह शाम, अपवित्र समाज से दूर,
–एक बोध पेड़ की सम्भावना,
बुद्ध के समारक चिन्हों और चर्मपत्र पर लिखी भविष्यवाणी,
और एक प्रेम गीत छठे दलाई लामा सांगयांग ग्यात्सो का ...
इस अनदेखी दुनिया में कर्म,
डूबते सूरज की रोशनी में,
जिसके दुःख उड़ता बाज छोड़ देता है
–वो मश्त या या कोई दिव्य ?

हू शी का मकबरा

यह शाम नीलकंठ पक्षियों की है,
कौओं की है, और उल्लूओं की है,
कैसे पक्षी, बादल इस कब्रिस्तान के ऊपर से गुजरते हैं ?
नागी पेड़ समझते हैं इस गंभीरता को,
सहनशीलता ज्यादा जरूरी है आजादी से,
समुद्री हवाएँ बहती हुई,
बादल गरजते हुए,
कोई धोखेबाज फूल नहीं,
न ही बनावटी फूलों जैसे बनावटी शब्द जनवरी, 2013,
नांगांग जिला, ताइपे में,
तीन ओर कवी हैं हू शी के मकबरे से पहले,
तीन और पत्थर,
जोकि ताहयान अन्तराष्ट्रीय हवाई अड्डे से न गुजर पाएँ,
कवि के अध्ययन कक्ष तक पहुँचने के लिए।

हिलते पेड़

हवा में हिलते पेड़ पर आड़ू के फल खिलते हुए,
इसके किनारे कुछ मधुमखियाँ भिनभिनाती हुई,
कभी न रुकने वाली तेज हवा,
वह भिनभिनाती हैं,
इस बसंत की दोपहर को,
एक सोती महिला के खयालों में,
यह भिनभिनाती है,
यह न रुकने वाली हवा, शिनजयांग से बहती हवा।

चारा

इस साधारण हरी घास के अलावा,
यहाँ मैं हूँ,
अपनी लापरवाह बकरियों के साथ,
बादल तो बादल है जब वह आसमान में चलते हैं,
वह तब भी बादल हैं जब नहीं चलते,
बकरियाँ धूप में चरती हुई,
यह विशाल आसमान,
बीच–बीच में पंख फड़फड़ाने की आवाज सुनाई देती है,
जिस ऊँचाई का मैं सोच भी नहीं सकता,
उस ऊँचाई तक पहुँचने वाली चीलें,
रोमांचक तरीके से झपट्टा मारती हैं,
अपने पीछे डूबते सूरज और शाम के निशान छोड़ते है।

बसंत का एक दिन

हस्पताल के एक बेंच में,
मैं चुप–चाप बैठकर हवा से खेलती हूँ,
एक आदमी मेरी ओर आता है,
और मुझे कहता है प्रिया,
कैसे अपनी जैकेट उतारता है,
उसकी बेटी सुन्दर और मासूम है,
जैसा वो कभी था,
मेरी आँखें घूरती हैं,
चारों दिशाओं में,
मैं एक पल उनको देखती हूँ,
और फिर हवा से खेलने लगती हूँ,
वह मुझे प्रिया बुलाता है,
मैं एक अस्पताल के बेंच पर बैठी हूँ
मैं नहीं बता सकती की वो मेरा बच्चा है,
या मेरी कविताओं में से कोई प्रेमी।

गनन के घास के मैदान

कभी इत्तिफाक से भी मनी पत्थरों से कोई पत्थर न उठाना,
या फिर अपने कैमरे को,
भगवान के लिए दीपक जलाने वालों,
की तरफ मत करना,
कभी भूलकर भी आसमान को दफनाने की बात मत करना !
कभी किसी बाज को मत डराना,
जो छठे दलाई लामा सांगयांग ग्यात्सो के बारे में सोच रहा हो,
पर तुम उसके मार्मिक प्रेम गीतों को गुनगुना सकते हो,
शाम के वक्त में,
कभी पहुँचने की कोशिश मत करना
किसी मछली को जो तीर्थयात्रा पर है,
एक बकरी को जो झुककर घास चर रही हो,
एक महंत जो अँधेरे में बुद्ध की तपस्या कर रहा हो,
और उसकी नंगी पीठ को,
कभी थोड़ा सा भी कवि आह जिन को परेशान नहीं करना।

शोक

–कवी चांग याओ (1936 – 2000)

उसने अपनी आँखें बंद करली,
जैसे मृत्यु के बजाय,
जिंदगी से क्षमा माँग रहा हो,
–उसके लेटने का ढंग पौधों से भी नीचा,
सबको हताश कर रहा है,
एक घोंसला अपने सारे पक्षियों को इकठ्ठा करता है,
सारे उसमें समायें हैं,
कमरे से कमरे जाते हुए,
झुके हुए सर।

चमकती बिजली के बारे में लिखना

मैं लिखना चाहता हूँ उन लोगों के बारें में,
जो आसमान में चमकती बिजली का इंतजार करते हैं,
वो जो बिजली के साथ चलते हैं,
एक–साथ चिल्लाते हैं –
प्यासे गेंहू के खेत,
बंजर पहाड़ियाँ,
अगले साल के लिए अनाज इकठ्ठा करने के लिए गड्ढे,
पानी के बड़े बर्तन,
मग,
बच्चों के धूल से गंदे हुए हाथ और चेहरे,
–गांसु के दीन्शी जिले के उत्तर में,
बादल गरजने के साथ बारिश भी होती हुई,
तुम पहले से ही हर बारिश की बूँद की भविष्यवाणी कर सकते थे,
इतनी कीमती,
हर बारिश की बूँद,
इस जगह के लिए भगवान का प्यार।

आराम के वक्त में

इतने कठिन परिश्रम से आराम करने का वक्त है,
या फिर साल के अच्छे दिन खत्म हो गये हैं,
अपनी बड़ी पोशाकों में औरतें,
अपने आराम के समय में,
अपने शरीर में इत्र छिड़कती हैं,
क्या इस इत्र में कोई उदासीनता भी है?
इन मदहोश पहाड़ों और बहते पानी के बीच,
अतीत और भविष्य के बीच बहती हवा में,
सुन्दर महिलाएँ परिश्रम और आनंद से तैयार होती हुई,
न ही अतिव्ययी है,
न ही अपव्ययी,
आह अच्छे दिन,
महान सूर्य,
महिलाओं और बहते पानी के पश्चाताप का बोझ उठाते हुए,
इससे पहले की यह खत्म हो जाये।

दोंगजीओं लेन

इस लेन की तरह,
जो अपनी गंदगी, गरीबी और ठंड से थक चुकी है,
मोची जूतों से थक चुका है,
रूई भरने वाले रूई से थक चुके हैं,
वह सभी अपने आप को,
कुछ पलों के लिए रोकते हैं,
एक बेहतर जिंदगी की कल्पना करते हैं,
–जिसमें कई संभावनाएँ है...
–एक पल से भी कम समय में,
जो बेहतर है वो ओझल हो जाता है,
–जिंदगी की सूई से,
अपने ठण्ड में सूजे हाथों को बींधते हैं।

इशारों की भाषा

दो मूक बच्चे,
दोपहर के समय एक पहाड़ में बातें करते हैं,
इनके खूबसूरत चेहरे धूप में कैसे चमक रहे हैं,
अपने हाथ हवा में लहराते हुए,
धूप और हवा हाथों के बीच से गुजरती हुई,
पहाड़ के झरने की गूँजती आवाज,
फिर अचानक,
रुकते है,
और कूदते हैं,
कितना मनोहर है यह,
–अगर कोई आँसू इनके चेहरों में बिना रुके न बह रहे होते ......

लांबरांग मठ का गीत

जब मठ में हवा मेरे स्कार्फ को उड़ाकर ले जाती है,
एक लामा मेरे पास से होकर गुजरता है,
हांफते और तेजी से साँसे लेते,
पहाड़ से नीचे उतरता,
किस लिए ?
गलियों में तिब्बतियों की भीड़ कम होते हुए,
बाजार, मेले खत्म हो गये हैं,
यह फूल, हरियाली,
भी दक्षिया नदी के साथ बह रहे हैं,
जब चेहरा पढ़ने वाले व्यक्ति ने अपना हाथ मेरे बटुए में डाला,
नेत्रहीन अमाह जो ध्यान की मुद्रा में है,
यह सब कैसे देख सकता है ?
वह फिर से देखती है,
स्वर्ग के मंदिर के पश्चिम की ओर,
उसकी छोटी डोलमा स्कूल जाती है,
इन घास के मैदानों में,

बसंत की हवा गर्म है,
और धूप में होती कक्षाएँ,
एक बाज ब्लैकबोर्ड के ऊपर उड़ रहा है,
ओ यह जीवन –
और इससे अगला –
यह संसार हवाओं का,
इन सब को महसूस करना,
इन सबमें विश्वास करना,
इन सब को झेलना,
–मुझे लगता था मेरे आज के जीवन का यही मकसद है,
लेकिन फिर भी मैं खुश नहीं हूँ,
–मैं कुछ नहीं कह सकती कैसे बुद्धा इस दुनिया में आए ?

स्टेचू ऑफ लिबर्टी के सामने

तुम उसे चूमते हो, इसका अर्थ है,
मैं उसके शरीर को चूमता हूँ,
–धूल, रोशनी, इन सब के ऊपर,
समय के दिए घाव,
तुम अपनी सोच से हासिल करते हो,
मैं अपने होंठों का उपयोग करता हूँ,
भगवान की साँसों को सूंघता हूँ।

अमुकुहू की बसंत

—एक चित्रकार को

मैंने अपनी बाइबिल के साथ की स्थिर जिन्दगी को छोड़ दिया है,
और क्या हो सकता है,
मैंने बहुत कुछ छोड़ दिया है!
मैंने अमुकुहू की बसंत को बचाकर रखा है,
अमुकुहू,
तनहाई,
तनहाई में खोता हुआ।

अभिव्यक्ति

मैं नीले की तरह देख रहा हूँ,
सिर्फ नीला ही नीला,
किसी एक लहर को पकड़ो,
लहरों को पकड़ना,
समुद्र को पकड़ने जैसा है,
और लहरों के पंख,
लाइट हाउस मानो बेहोश हो गया है,
पर फिर भी आकर्षक है,
–एक लैंप जा चुका है,
दूसरा बह रहा है,
इस दृश्य का वर्णन की इच्छा तो है,
पार आखिर क्या दिख रहा है,
शांत होकर सुना,
एक अनंतता की अभिव्यक्ति।

एम्स्टर्डम की रात

झुकती हुई या इशारें करती,
ट्यूब की ड्रेस में या
नग्न अवस्था में,
यह गुलाबी व्यवसायी महिलाएँ इस शीशे के घर में है,
सेक्स –व्यापार यहाँ पर कानूनी है,
–एम्स्टर्डम,
चर्च की घंटियाँ और क्रिसमस के पेड़,
इनकी अस्पष्ट अंग्रेजी, और लाल बत्ती,
गुलाबी महिलाएँ –
मैं इनकी सुन्दरता पर मोहित हूँ,
किसी की प्रतीक्षा में है,
हे भगवान, क्या पश्चिम में,
मेरा यह प्रशन पूर्वीय है ?
विंडमिल से हवा बहती हुई,
हवा बहकर बाजारों, मूर्तियों से होकर गुजरती हुई,
हवा कबूतरों से टकराती,

इस हवा में हमारे चीनी भाषा के शब्द,
एम्स्टर्डम की रात,
मैं एंडरसन की काल्पनिक कहानियों की बर्फ की कामना कर रहा हूँ,
अपने प्रेमी की नहीं,
न ही अपने घर की।

विश्वास

उसने क्या देखा,
मानवता के इन मानवीय जख्मों को चाहता,
क्या ये मैं हूँ 2008 में ?
चर्च के दरवाजें बंद होते हुए,
वह रुक कर,
मुझसे कहती है बच्चे,
वह मुझे कहती है बेचारे बच्चे,
दिन के उजाले में मेरे चेहरे की तारीफ करते हुए पर ...भगवान
जा चुके हैं,
विश्वास,
और क्या हो सकता है,
नि'आई –लाई चर्च की ओर,
मैं अपने कोट से स्कार्फ निकालता हूँ,
और उसके कमजोर कंधों को ढक देता हूँ,
मैं इसी क्षण जोर से कहता हूँ :

नहीं, मैं तुमसे मिलने आया हूँ
मैं उन हाथों से मिलने आया हूँ,
जो दरवाजा खोलेंगे,
पहले अपने पापों को कबूलने वाले के लिए,
और शाम के वक्त की पहली प्रार्थना।

मुझे यह बर्फ चाहिए

मुझे यह बर्फ चाहिए,
मुझे इन पर्दों को खींच के खोलना,
और बाहर देखना है सुबह के समय की बदलती दुनिया को,
मुझे चाहिए,
दुनिया के सभी बच्चे देखे,
अपने छोटे पैरों के निशान,
इनके हंसने की आवाज,
क्या यह दुनिया की सबसे प्यारी चीज नहीं है ?
मुझे यह बर्फ चाहिए,
मुझे वो पल चाहिए,
जब मनुष्य एक–दुसरे के गरमजोशी से गले लगते हैं,
–यह अचानक बहते आँसू,
इतनी नाजुक उलझनें,
खालीपन, धुंधला दिखता सब कुछ,
स्थिति का अंदाजा लगाना ...
जैसे प्यार कोई किसी इम्तिहान की जरुरत हो,

पुरानी यादों को याद करने की जरुरत हो,
जैसे वक्त की उलझन को सुलझाना,
मुझे ऐसे सन्देश की जरूरत है,
मैं तुमसे मिलने की प्रतीक्षा में जी रहा हूँ !
–हाँ, मुझे यह सब मेरी आँखों के सामने चाहिए।

चाँद की चांदनी

यह घास,
मेरा शरीर, मुझे यह प्रकृति के साथ पसंद है,
घाटी में पक्षी गाने गुनगुनाते हुए,
और हम अपने हाथों से स्ट्राबेरी पकड़े हुए,
गीली कंगनी घास,
और इसकी कांपती रुई,
यहाँ बचपन की माचिस की डिब्बी मिली,
और कई बचपन के जुगनू भी मिले ?
ओ हवा,
यह आ रही है,
पेड़ों के पत्ते झुकते हुए,
और एक–दूसरे को छूते हुए,
जब तक पेड़ रहेंगे,
तब तक पक्षियों के लिए घर रहेंगे,
तुम,
इस घने धुंध में,

क्या मैं तुम्हारे साथ हूँ ?
हमारी जटिल मानवता को लेकर सारी चिंताएँ और संदेह,
जैसे हम–एक दूसरे की उपस्थिति की पुष्टि कर रहे हैं,
तेज साँसे लेना ...यहीं जिन्दगी है,
जीवन का मतलब बहुत सारी चीजें होती हैं !
इस क्षण में जिन्दगी एक मकड़े की तरह,
जो अभी सदमे से नहीं निकला है,
जल्दी–जल्दी बचकर निकलना,
क्या यह प्यार को झूठ बोलना है ?

आसमान को देखते हुए

आसमान को देखते हुए,
–अपने हिलने वाली कुर्सी में बैठे,
मैं नीचे झुकता हूँ,
अचानक किसी चीज को देखने की इच्छा जागती है,
यह बहुत सुन्दर है,
इस तरह बादलों को देखना,
प्राचीन समय में,
बादलों का खेतीबाड़ी में बहुत महत्त्व था,
दिन्शी जिले के उत्तर की ओर,
गांसु में,
अनगिनत गाँवों के लिए,
अभी भी रोजी–रोटी का सवाल है,
कड़कड़ाती बिजली,
एक इन्द्रधनुष,
मेरे लिए इनके शाब्दिक अर्थों का मूल्य है,
राजनीति से हटकर,

ओ देखो,
वह उड़ता पक्षी कितना तेज है,
जितना समय लगता है किसी दुःख से निकलने में,
किसी मनुष्य की जिन्दगी से ज्यादा लम्बा नहीं है,
ना ही इतिहास से लम्बा है,
यह पक्षी हवा और बारिश से गुजरता हुआ,
इस डूबते सूरज के सामने,
इस आसमान में होती तूफानी घटनाओं में,
मैं ऊपर देखकर प्रार्थना करता हूँ,
एक नए युग का आरंभ,
आज के समय को सुधार देगा।